ÉLÉMENTS

D'HISTOIRE DU DROIT FRANÇAIS

ÉLÉMENTS

D'HISTOIRE DU DROIT FRANÇAIS

A L'USAGE

DES ÉTUDIANTS DE PREMIÈRE ANNÉE

PAR MM.

C. MONNOT   **&**   **A. BONDE**

DOCTEUR EN DROIT   DOCTEUR EN DROIT

AVOCAT A LA COUR D'APPEL

———

PARIS

LIBRAIRIE NOUVELLE DE DROIT ET DE JURISPRUDENCE

ARTHUR ROUSSEAU

ÉDITEUR

14, RUE SOUFFLOT, 14

—

1891

ÉLÉMENTS

D'HISTOIRE DU DROIT

FRANÇAIS

PRÉFACE

Parmi toutes les matières comprises dans le programme d'enseignement des Facultés de droit, *l'histoire du droit* est de beaucoup la plus difficile.

Pour se faire une idée nette du sujet, il faut lire et travailler beaucoup, et encore n'est-on pas toujours sûr d'avoir acquis sur tous les points des vues absolument exactes.

Mettez un esprit sérieux, habitué aux études juridiques, en présence d'un livre de droit civil, de droit commercial, de droit pénal, même de procédure ou de droit romain ; soyez certain qu'avec du courage et de la persévérance il arrivera au terme de son travail avec l'intelligence acquise de son sujet.

Mettez ensuite ce même esprit en présence d'un ouvrage d'histoire du droit, peut-être les difficultés de cette étude ne lui apparaîtront-elles pas tout d'abord, mais qu'il cherche à rapprocher ce qu'il vient de lire de ce qu'il lira un peu plus loin dans le même auteur ou de développements puisés à d'autres sources, nous affirmons qu'habituellement au lieu de la lumière il trouvera les ténèbres, que là où il croyait comprendre il s'apercevra qu'il ne comprend plus rien du tout.

Si l'on ajoute à cette difficulté inhérente à l'étude de l'histoire du droit le vague, l'élasticité des programmes qui caractérisent cet enseignement, on comprendra sans peine combien l'étudiant a besoin d'un guide en cette matière.

Notre ambition a été d'être ce guide.

Nous nous sommes d'ailleurs interdit toute érudition déplacée, cherchant simplement à mettre l'étude de l'histoire du droit à la portée des jeunes gens qui ont à l'apprendre.

C'est ce qui explique les limites restreintes de cet ouvrage.

Conformément au programme suivi à la Faculté de Paris, nous avons divisé notre sujet en deux parties ; l'une consacrée au droit public français à dater de la féodalité, l'autre à l'histoire des sources du droit privé depuis l'occupation romaine jusqu'à la Révolution.

Dans nos subdivisions de la première partie, nous nous sommes préoccupés d'éviter autant que possible le morcellement de chaque matière. Après avoir consacré un chapitre spécial à la *féodalité* et avoir montré comment la royauté a reconquis sur l'aristocratie seigneuriale les prérogatives de la souveraineté, nous n'avons pas cru devoir étudier séparément et consécutivement la *monarchie tempérée* et la *monarchie absolue*. Nous avons examiné simultanément ces deux phases historiques.

La division de *l'histoire du droit* en un certain nombre de périodes juxtaposées, sans lien qui les unisse, est une méthode gênante pour le lecteur qui veut se faire une idée d'ensemble des diverses institutions sociales et les suivre dans les changements que les siècles leur ont fait subir. Il ne peut atteindre ce résultat que par des recherches à travers les pages du livre, et s'il néglige ce travail de rapprochement, il s'expose à n'acquérir que des notions incertaines et fugitives.

Il ne nous a pas toujours été possible d'échapper complètement aux défauts du plan défectueux que nous signalons. La nécessité où nous nous sommes trouvés d'étudier isolément la période féodale, nous a forcés à scinder les développements que nous avions à donner sur l'*Église*, sur l'*organisation communale* et *municipale* et sur la *condition des terres.* Des renvois en note atténuent les inconvénients de cette division.

Dans notre deuxième partie, consacrée à l'histoire des sources du droit privé, nous avons pu, sans nuire à la clarté du sujet, suivre l'ordre chronologique rigoureux et séparer les différentes périodes de la législation.

Nous croyons utile pour terminer d'appeler l'attention des candidats sur les matières les plus fréquemment demandées à l'examen, et qu'il convient, par suite, de connaître d'une façon plus approfondie. Citons : les *Secrétaires d'État*, le *Chancelier*, le *Conseil du roi*, le *Parlement*, les *États-généraux*, les *États provinciaux (pays d'états* et *pays d'élections)*, les *Prévôts, Baillis* et *Sénéchaux*, les *Présidiaux*, les *Gouverneurs* et les *Intendants*, la *justice retenue*, les *impôts*, les *rapports de l'Église et de l'État*, les *serfs*, les *alleux*, et les *censives*, *l'abolition du régime féodal*, la *théorie de la personnalité de la loi*, le *Bréviaire d'Alaric*, les *Capitulaires*, la division de la France en *pays de droit écrit* et *pays de droit coutumier*, les *coutumiers*, les *glossateurs*, la *rédaction officielle des coutumes*, le *Corpus juris canonici*, les *romanistes du XVIe siècle*, les *commentateurs du droit coutumier* enfin les *ordonnances royales* à partir de François Ier.

PREMIÈRE PARTIE

LE DROIT PUBLIC FRANÇAIS A PARTIR DE LA FÉODALITÉ

CHAPITRE PREMIER

LA FÉODALITÉ.

« Les institutions d'un peuple sont en rapport nécessaire avec les conditions économiques, politiques, intellectuelles et morales dans lesquelles il se trouve placé, avec le degré de civilisation auquel il est parvenu.

Mais l'état social d'un peuple ne reste jamais le même ; tout ce qui vit doit grandir, se développer, durer plus ou moins longtemps, puis disparaître.... Ainsi, la féodalité prit naissance quand la sécurité sociale n'étant plus suffisamment garantie par un pouvoir central, les hommes furent conduits à chercher, auprès des seigneurs, même en se soumettant aux conditions les plus onéreuses, la protection nécessaire pour la sauvegarde de leurs personnes et la conservation de leurs biens, mais elle était condamnée à se transformer et à disparaître (1) ».

Ce n'est pas seulement la France qui a passé par

---

(1) Gautier, *Précis de l'Histoire du droit français*, p. 9.

cet état de trouble et de bouleversement social ; d'autres peuples ont subi la même crise et, comme la France connu la féodalité. Cette institution a pris naissance dans l'Europe entière, presque à la même époque. La féodalité s'établit en Allemagne, en Angleterre, en Lombardie, en Espagne et même en Palestine, après les croisades. On la trouve, du reste, dans tous les temps et dans tous les pays : en Chine, au Japon, dans les Etats musulmans (etc).

En France elle se forme sous les successeurs de Charlemagne et, c'est vers la fin du IXe siècle, ou au commencement du Xe que ce régime peut être considéré commé définitivement établi.

SECTION PREMIÈRE.

CAUSES DE LA FÉODALITÉ.

Faiblesse des successeurs de Charlemagne.
— Louis le Débonnaire qui recueillit en 814 l'héritage de Charlemagne était loin d'avoir les qualités nécessaires pour maintenir la cohésion dans le vaste empire que lui transmettait son père. Il fit preuve d'une imprévoyance et d'une faiblesse navrantes. Après trois ans de règne, il partagea, pour la première fois, son empire entre ses enfants. Ce partage ayant occasionné des discordes, trois autres lui succédèrent, précédés les uns et les autres de luttes où l'on vit les fils marcher contre leur père, le déposer à deux reprises et le rétablir par suite de l'impossibilité où ils étaient de s'entendre entre eux.

·Profitant de ces dissensions et de l'affaiblissement du pouvoir royal, les grands s'efforcèrent de conquérir la plus large indépendance.

Quand Louis mourut en 840, les peuples lassés de ces déchirements continuels voulurent y mettre un terme par un combat suprême. Malheureusement, la bataille de Fontanet (841) fut peu décisive et la lutte des fils de Louis le Débonnaire continua encore pendant deux ans. Enfin, en 843, Charles, Louis et Lothaire réunis à Verdun séparèrent pour toujours les trois principaux peuples de l'Empire, Gallo-francs, Germains et Italiens. L'ancienne Gaule réduite d'un tiers et privée pour la première fois de sa limite du Rhin et des Alpes fut donnée à Charles le Chauve (1). Celui-ci est, à proprement parler, le premier roi de France moderne.

Anarchie et dévastations. — Tous ces bouleversements furent vivement ressentis par quelques hommes d'un esprit élevé. « Le bien général est annulé, dit Florus, chacun s'occupe de ses intérêts. Il n'y a plus d'assemblées du peuple, plus de lois. C'est en vain qu'une ambassade arriverait là où il n'y a point de cour. Que vont devenir les peuples anciennement unis par les liens de la concorde, maintenant que l'alliance est rompue ? Ils seront tourmentés par de tristes dissensions. »

Les graves pronostics du diacre de l'Église de Lyon n'avait que trop de raison d'être. L'anarchie s'accrut. Grâce à la lassitude et à l'apathie qui s'étaient emparés de tous, les Normands dont les premières barques com-

(1) Ce traité pèse encore sur nous, depuis plus de mille ans.

mençaient déjà à apparaître sous Charlemagne dévastèrent le nord et l'ouest, les Sarrasins et les pirates grecs ravagèrent le midi.

Prépondérance des grands. — Incapables de se défendre eux-mêmes, les petits propriétaires se mirent sous la protection des grands ; beaucoup même abdiquèrent complètement leur indépendance.

En 847, l'*Édit de Mersen* vint permettre à tout homme libre de se choisir un seigneur et décida qu'aucun vassal du roi ne serait tenu de le suivre à la guerre, si ce n'est contre l'ennemi étranger. Les sujets pouvant marchander l'obéissance, le roi, dans les guerres civiles restait désarmé et impuissant. En présence de l'incapacité où il était de se faire obéir des grands et de protéger les petits, ceux-ci se groupèrent de plus en plus autour de ceux-là.

Ainsi, en même temps que la puissance de la royauté déclinait, l'aristocratie se développait absorbant à la fois la fortune territoriale et cette souveraineté que les mains débiles des rois laissaient peu à peu échapper.

Action de l'Église — De son côté, l'Église jouait un rôle prépondérant. Rien ne lui manquait : supériorité de lumières et de moralité, foi ardente des populations, riches domaines. Alors que la société politique et la société civile se dissolvent et tombent en lambeaux, l'union du corps ecclésiastique s'affermit. Les évêques interviennent dans tous les grands événements. Depuis que Charles Martel les a mêlés au gouvernement de l'Empire, partout leur autorité s'impose. Ce sont eux qui dégradent ou rétablissent Louis le Débonnaire, qui, à Fontanet, indiquent de quel côté est la justice. Charles le Chauve ne trouve rien à leur répondre quand, en 859 il veulent le déposer parce qu'il viole les capitulaires.

SECTION II

MODIFICATIONS APPORTÉES PAR LA FÉODALITÉ DANS LA CONDITION DES PERSONNES.

Indépendance des fonctionnaires. — Les grands fonctionnaires qui administraient les provinces, les *ducs*, *comtes*, (etc.), profitèrent du désarroi général pour relâcher le lien qui les unissait au roi, s'approprier leurs fonctions comme si elles avaient constitué un véritable patrimoine et devenir souverains du territoire dont l'administration leur avait été confiée. Dans l'aristocratie désormais maîtresse du pays, ils acquièrent la prééminence. Ce sont les grands vassaux de la couronne. Les titres de *ducs*, *comtes*, *vicomtes*, *barons* (etc.), ne désignent plus alors des fonctionnaires publics, mais des *seigneurs*, souverains de petits états où ils exercent tous les droits régaliens.

Vassalité et Séniorat. — A l'époque mérovingienne et sous les premiers carolingiens certains personnages étaient liés au monarque par un lien spécial au moyen d'un serment de fidélité. Ce lien était d'origine germanique. Son point de départ se trouve dans les *comitatus* dont parle Tacite, sorte de patronage militaire composé de jeunes gens groupés autour d'un

chef. Les grands qui s'étaient ainsi recommandés au
roi (les textes disent *commendari*, *se commendare*) portaient primitivement le nom d'*antrustions*, plus tard
on les appela *vassi dominici* ou *regales*. Loin de favo-
riser le développement du pouvoir royal, cette institution facilita, au contraire, son affaiblissement. Le roi
s'habitua à ne commander qu'en vertu d'un contrat.
Attirant à lui les hommes les plus considérables, il ne
put les retenir qu'en épuisant à leur profit les terres
du domaine royal. Louis le Débonnaire et Charles le
Chauve prodiguèrent les concessions de bénéfices. Leurs
successeurs, Louis le Bègue (877-879), Louis III et Carloman (879-884) les multiplièrent encore.

Des groupements semblables se forment en dehors
de la royauté et le *Séniorat* prend naissance. *La seigneurie est la souveraineté acquise par un particulier,
abstraction faite de toute idée de fonctions publiques ;*
c'est la puissance suprême, ou ses démembrements,
obtenue par usurpation ou régulièrement concédée.
Chacun veut devenir *Seigneur*. Bientôt les lois sanction-
nent le sénoriat et permettent au Seigneur de contraindre son *vassus* à l'accomplissement de ses devoirs envers lui (1).

Chartes d'immunités. — La jouissance par les

(1) « Tout homme libre pourra se choisir un seigneur » dit
l'édit de Mersen de 847, que nous avons cité plus haut. Si la
monarchie carolingienne reconnut le sénoriat, c'est qu'il faci-
litait l'administration au point de vue de l'armée, car le seigneur doit conduire au combat tous les hommes vivant sur ses
terres.

Seigneurs des attributs de la souveraineté résultait parfois de *chartes d'immunités*.

Les *immunités* ont été accordées d'abord et pendant longtemps exclusivement à des ecclésiastiques séculiers et à certains monastères. Elles furent concédées plus tard à des seigneurs laïques. Elles consistaient dans l'exemption de la juridiction ordinaire et l'exonération des droits qui s'y rattachaient. Tel est, du moins, l'objet des immunités dans les chartes les plus anciennes. Il était interdit aux agents de la royauté de pénétrer sur les domaines de l'immuniste pour y exercer leurs attributions, y lever des impôts ou faire payer des amendes judiciaires.

Les habitants qui occupaient les terres de l'immuniste n'étaient cependant pas exempts de toutes charges. Les impôts et amendes étaient perçus par l'immuniste et à son profit. Sur les terres ecclésiastiques, la justice civile était exercée par des délégués de l'abbé ou de l'évêque ; ailleurs, elle était administrée par des *judices privati* que désignait l'immuniste. Quant à la justice criminelle, au début l'immuniste n'en avait pas l'exercice ; il devait simplement livrer le coupable à l'agent du roi. Plus tard il eut le droit de juger lui-même, dans tous les cas.

En ce qui concerne le service militaire, l'immuniste avait pour attribution de convoquer les troupes au nom du roi, sur l'invitation des officiers royaux et de les conduire à l'armée.

**Distinctions sociales nouvelles (nobles, ro-
turiers et serfs).** — Pour en terminer avec ces développements généraux sur les modifications apportées
par la féodalité dans l'état des personnes, faisons remarquer que le seigneur, (suzerain ou vassal) est *noble*.
Les habitants de ses domaines sont des *hommes de
poeste* (*homines in potestate*) qui se divisent en *serfs*
et en *roturiers*, appelés aussi *manants*, *vilains*, *coutumiers* (etc.).

Nous étudierons plus loin ces différentes classes de
personnes (1).

La féodalité n'entraîna pas seulement une transfor-
mation dans la condition des personnes, elle en amena
une autre bien plus profonde dans la condition de la
propriété foncière.

SECTION III

MODIFICATIONS APPORTÉES PAR LA FÉODALITÉ DANS LA CONDITON DE LA PROPRIÉTÉ FONCIÈRE.

§ 1. — **Précaires ecclésiastiques.**

L'Eglise était devenue propriétaire de vastes domaines. Plusieurs conciles firent considérer ces biens sinon
comme inaliénables, du moins comme difficilement
aliénables. Pour les mettre en valeur, on en concéda
la jouissance à des particuliers, moyennant une redevance ; ce fut la *précaire ecclésiastique*. D'après les formules qui nous sont parvenues, la *præcaria*, faite pour
cinq ans et indéfiniment renouvelable, supposait deux

(1) Voir le chapitre IX.

titres, le premièr était la *præcaria* proprement dite ou prière adressée par l'impétrant à l'évêque ou à l'abbé pour obtenir la concession, le second était la *præstaria* acte par lequel la concesssion était accordée. L'Eglise conservait généralement le premier titre comme preuve de son droit et comme arme contre le concessionnaire (1).

A l'époque de l'occupation romaine, quand les barbares commençaient à envahir la Gaule, les petits propriétaires écrasés par les impôts et privés de toute sécurité pour leurs personnes et pour leurs biens, se mettaient sous la protection des grands à qui ils abandonnaient leurs terres. Cet abandon, toutefois, ne les dépouillait pas de la possession ou domaine utile, mais seulement du droit de propriété. C'étaient les *patrocinia fundorum* ou patronages des terres.

Aux IX° et X° siècles, quand les Normands ravagent le nord et l'ouest, et les Sarrasins le midi, les particuliers impuissants à se défendre s'adressent souvent à l'Église pour assurer la protection de leurs biens immobiliers et, comme à l'époque gallo-romaine, renoncent a leurs droits de propriétés, tout en conservant la jouissance de terres cédées. Voilà pourquoi, nous trouvons quelquefois, dans les formules qui nous sont parvenues, trois actes au lieu de deux. Le premier constate une *donation* faite au monastère ou à l'Église, le second est une *præcaria*, ou demande en vue de conserver la

---

(1) Il n'y a qu'une similitude de nom entre la *præcaria ecclesiastica* et le précaire du droit romain. Ce dernier était la concession révocable *ad nutum* et gratuite d'une chose.

jouissance, le troisième est la *prœstaria*. Ordinairement l'Église restituait, outre les biens qui lui étaient abandonnés, une étendue égale de terres prises sur son propre patrimoine.

§ 2. — **Bénéfices et fiefs.**

Bénéfices. — Les bénéfices sont des *concessions de terres faites soit par le roi, soit par des personnages puissants à des particuliers*. L'abandon a dû être consenti, dès l'origine, en pleine propriété. On s'explique ainsi la faiblesse des derniers mérovingiens dont le patrimoine était épuisé. Plus tard ces concessions devinrent simplement viagères. A la mort du bénéficiaire elles rentraient dans le domaine du concédant. On admit, cependant en fait et d'assez bonne heure, que les enfants mâles du concessionnaire conserveraient le bénéfice en prêtant un serment de vassalité. D'un autre côté, les donations faites par un souverain étaient résolues à sa mort et une nouvelle institution devenait nécessaire de la part de son successeur. Au IX⁰ siècle, les concessions sont toujours maintenues ; il suffit de prêter serment au nouveau roi. Les bénéfices deviennent donc héréditaires.

Le fameux *édit de Kiersy-sur-Oise* reconnut, en 877, l'hérédité des bénéfices et des offices (1), mais ne la créa pas, comme on l'a cru longtemps.

Les concessions de bénéfices entraînaient-elles des charges incombant aux bénéficiaires ? La question est

---

(1) Les offices étaient les fonctions publiques.

discutée, mais celà importe peu. Les charges dérivaient surtout du serment de vassalité et ce serment accompagnait ordinairement la concession d'un bénéfice.

Fiefs. — Dans le courant du XIe siècle, une autre expression apparait pour désigner les concessions de terre faites par le roi ou par de grands personnages à des *vassi*, elle est d'origine germanique, c'est l'expression *feudum*, d'où on a formé le mot *fief*. Peu à peu un mot se substitue à celui de bénéfice et cette dernière qualification n'est bientôt plus employée que pour désigner les terres qui constituent la dotation des fonctions ecclésiastiques.

Disparition de la dépendance purement personnelle. Lien des terres. — Après les carlovingiens, on ne rencontre plus de *vassi* dont la dépendance soit purement personnelle, « On est vassal par ce qu'on détient un bénéfice ou fief. Tout le *comitatus* décrit par Tacite s'est fixé sur la terre : et voici comment. Un *vassus* lié à son chef par un lien personnel a reçu de lui un bénéfice fief ; dès lors ce fief... constitue le lien, l'attache envers le seigneur : ce lien suivra l'héritier ou l'acheteur du fief, car le seigneur ne consentira à ce changement de mains que moyennant un nouvel hommage... Un autre, apportant son bien à un seigneur qui lui procurait en retour sa protection et certains avantages déterminés, s'est fait *vassus* en se recommandant lui et son bien : dès lors, ce bien se trouve dans une position identique à celle du fief dont je parlais tout à l'heure ; d'*alleu* il est devenu *fief*. Enfin, un autre *vassus* engagé primitivement par de simples liens personnels est resté pacifiquement sur une terre qui lui appartient en propre : ses héritiers poussés par l'intérêt et la nécessité sont demeurés *vassi* et ont habité la même terre. Voilà un bien très compromis ; il va perdre son caractère primitif : il sera lentement confondu avec les fiefs : il deviendra fief progressivement et par assimilation. En un temps où les hommes libres perdirent trop souvent la liberté, on peut être assuré que bien des terres dont les propriétaires ne tombèrent pas aussi bas s'affaissèrent, du moins au rang de fief, quand elles ne descendirent pas à un degré inférieur » (1).

Suzerain et vassal. — Le fief supposait deux personnes, un suzerain et un vassal, qui avaient l'une et l'autre, des droits de seigneurie et entre lesquelles il existait des obligations personnelles.

§ 3. — Censives et alleux.

En dehors des *fiefs*, les terres à l'époque féodale, deviennent des *censives* ou des *alleux*. — Les *censives* étaient des fonds assujettis envers un seigneur au paiement d'un droit annuel appelé *cens*. Le censitaire, du moins au début, n'était pas un seigneur. Entre lui et le seigneur censier on ne découvre aucun lien personnel. — *L'alleu* est la terre absolument libre, celle qui ne dépend de personne, c'est la propriété immobilière de droit commun, de droit des gens, telle

(1) Viollet, *Précis de l'histoire du Droit français*, p. 544.

que la connaissaient les Romains, telle que nous la connaissons nous-mêmes (1).

Au contraire, le *fief* et la *censive* n'avaient aucun des caractères de l'ancienne propriété romaine et de la propriété moderne. Ces fonds constituaient ce qu'on appelait des *tenures*.

La tenure. — La *tenure* a un caractère de perpétuité. Elle suppose deux personnes qui ont, l'une ce qu'on appelle le *domaine éminent* ou la *directe*, l'autre le *domaine utile*. Le tenancier n'est ni un propriétaire ni un locataire, il est dans une situation mixte, mais se rapproche cependant beaucoup plus du propriétaire actuel que du locataire ou fermier. Le fief et la censive n'étaient pas les deux seules formes de tenures, on en rencontre d'autres, en assez grand nombre (2).

SECTION IV.

LE CONTRAT FÉODAL ET LES OBLIGATIONS QUI EN DÉCOULENT.

Si nous nous plaçons à l'époque où la féodalité a atteint son entier développement, nous pouvons définir le fief *une terre qu'un Seigneur suzerain concède à un vassal à charge par ce dernier de remplir envers le concédant un certain nombre d'obligations.*

(1) Pour les détails sur la *censive* et *l'alleu* voir plus loin le chapitre X.

(2) Citons le *Champart* (campi pars), *l'emphytéose*, le *bail à rente*, le *bail à locataire perpétuel* (etc.).

§ 1. — Obligations du vassal.

Foi et hommage. — Le contrat d'inféodation s'accomplit au moyen d'une formalité qu'on appelle *la foi et hommage*. Il y a deux espèces d'hommages, l'hommage *lige* qui est rendu par le vassal un genou en terre, nu-tête, sans éperons, les mains dans celles du seigneur (1), et l'hommage *ordinaire* qui est rendu debout et l'épée au côté. Le premier entraîne des services plus complets que le second. Dans les deux cas le vassal devient l'homme de son seigneur, et est tenu à l'accomplissement de certains devoirs qui sont au nombre de quatre :

1° **Le service de guerre ou service d'ost** dont la durée est de quarante jours par an, dans le cas d'hommage ordinaire et n'a pas de limite dans le cas d'hommage lige ;

2° **Le service de justice** qui oblige le vassal à assister le suzerain quand il remplit ses fonctions de juge ;

(1) Le seigneur relève son vassal en le baisant sur la bouche. La *foi et hommage* s'appelle quelquefois *la bouche et les mains*. « En quelques contrées, dit Loisel, la femme ne doit que la main mais la courtoisie française doit aussi la bouche ». Littleton s'exprime ainsi : « Item, si femme seule fera hommage à son seigneur, elle ne dira : Je deviens votre femme parce qu'il n'est convenant que femme dise qu'elle deviendra femme à autre qu'à son baron quand elle est espousée ; mais elle dira : Je fais à vous hommage et à vous serait féal et loyal ». Voir Ginoulhiac, *Cours élémentaire d'histoire générale du droit français*, p. 382, note.

3° **Le service de conseil ;**

4° **Le service d'aides** en argent intervenant d'après la plupart des coutumes dans quatre cas : quand le seigneur marie sa fille, quand il arme son fils chevalier, quand il part en guerre, enfin, quand il est prisonnier et qu'il faut payer sa rançon.

Le service de justice avait une grande importance, car il était de principe que *les vassaux devaient être jugés par leurs pairs*. Quand la cour était réunie pour trancher les conflits entre vassaux d'une même seigneurie, le suzerain remplissait simplement le rôle de président et les pairs des vassaux en cause statuaient comme les jurés de nos jours.

En retour des obligations du vassal, le seigneur doit l'assister, le protéger, le défendre lorsqu'il est attaqué.

Commise. — La violation des devoirs incombant au vassal envers son suzerain entraînait contre lui des mesures plus ou moins énergiques, suivant la gravité de l'offense. S'il avait commis un crime, il encourait la *commise* c'est-à-dire la confiscation ou perte de son fief. La commise avait lieu pour *désaveu*, quand le vassal déclarait qu'il tenait le fief d'un autre que de son seigneur ; elle résultait aussi de la *félonie* qui comprenait toute injure atroce, la trahison, l'ingratitude envers le suzerain (1).

De son côté, le suzerain perd sa suzeraineté s'il agit déloyalement envers son homme.

(1) Si le vassal tarde à porter la foi et hommage, il y a *saisie faute d'homme* ; le suzerain saisit le fief et en perçoit les revenus jusqu'à ce que l'hommage soit rendu.

§ 2. — Transmission du fief entre-vifs.

Sous-inféodation. — De tout temps il fut permis au vassal de *sous-inféoder* une partie de son fief, c'est-à-dire de se donner un ou plusieurs vassaux. La sous-inféodation était un avantage pour le seigneur qui acquérait des arrière-vassaux tenus envers lui au service militaire. Mais au début, l'aliénation proprement dite n'était pas autorisée, à cause des obligations personnelles du vassal. Le nouveau titulaire de fief pouvait n'avoir aucune des qualités physiques, intellectuelles et morales du vassal vendeur.

Aliénation. — Cependant les seigneurs finirent par autoriser l'aliénation et consentirent à donner l'investiture aux nouveaux vassaux. Ils y avaient, du reste, un intérêt. L'acquéreur du fief devait leur payer un droit de mutation qu'on appelait *le quint* ; c'était la cinquième partie du prix de la vente. Au *quint* on ajoutait souvent le *requint* ou cinquième partie du *quint* (1).

§ 3. — Transmission du fief par succession.

Le fief passait à l'aîné des enfants mâles. Le privilège de masculinité était une conséquence du service militaire ; l'attribution à un seul enfant, l'aîné, résultait de l'indivisibilité du fief. Cependant, le principe de la

(1) Bientôt le seigneur n'eut plus d'autre moyen d'écarter l'acquéreur que d'exercer le *retrait féodal* en remboursant au nouveau vassal les frais et loyaux coûts du contrat et en prenant pour lui le bénéfice de l'opération.

primogéniture ne fut pas toujours appliqué d'une manière absolue. Dans certaines régions, l'aîné eut simplement un *préciput*, c'est-à-dire une portion du fief plus considérable que celle attribuée à ses cadets ; dans d'autres on pratiqua les terrains en *frérage* ou *parage*; on partageait le fief également entre les enfants mâles, mais l'aîné était le seul représentant du fief par rapport aux suzerains, les frères du *chef parageur* étaient considérés comme ses pairs et ne lui devaient ni foi ni hommage, ni services, ni aucun droit quelconque.

A défaut d'enfants mâles, les filles purent recueillir le fief. Si la jeune fille n'était pas mariée, le suzerain avait le droit de lui présenter trois prétendants qu'on appelait *les trois barons*, entre lesquels elle devait faire son choix. Le mari accomplissait les devoirs féodaux.

Quand le vassal décédait ne laissant qu'un enfant mineur, on donnait à l'origine la *garde noble* de cet enfant au suzerain. Plus tard on l'attribua aux héritiers présomptifs du mineur. Ce système était vicieux, car, comme le dit Philippe de Navarre : *Ne doit mie garder l'agnel qui en doit avoir la pel.* Pour assurer la sécurité du mineur, on confia la garde de sa personne à ceux de ses parents qui ne pouvaient pas hériter du fief et l'administration de ses biens à ses héritiers présomptifs.

Les fiefs ne passaient jamais aux ascendants parce qu'ils étaient incapables de rendre le service militaire. On disait : *feuda non ascendunt*, fiefs ne remontent point.

La transmission d'un fief par décès donnait lieu, au profit du suzerain, à la perception d'un droit qu'on

appelait *droit de relief*. Le lien personnel disparais-
sait par la mort du vassal, le fief tombait ; il fallait
créer un nouveau lien, relever le fief au profit de l'héritier. A partir de Philippe-Auguste le droit fut d'une
année des revenus du fief.

SECTION V

DROITS POLITIQUES DES TITULAIRES DE FIEFS.

Sous la féodalité la puissance publique se morcelle,
les attributs de la souveraineté appartiennent à chaque
seigneur dans l'étendue de son fief. Les feudataires ont
le droit de *légiférer*, de *faire la guerre*, de *rendre la
justice*, de *lever l'impôt*, et de *battre monnaie*.

Les seigneurs ne paraissent pas avoir usé beaucoup
du pouvoir législatif, mais ils ont exercé dans une
mesure plus ou moins large les autres prérogatives
de la souveraineté.

§ 1. — Droit de faire la guerre.

Pendant longtemps les luttes entre seigneurs furent
continuelles et désastreuses pour les roturiers et les
serfs dont les terres étaient dévastées. L'Église s'efforça
de les restreindre et d'en atténuer les effets en impo-
sant aux seigneurs la *trêve de Dieu* et la *paix de Dieu*.

Trêve de Dieu. — La *trêve de Dieu* consistait
dans l'interdiction de se battre à certaines époques de
l'année (du dimanche de l'avent à l'octave de l'épipha-
nie, pendant le carême et jusqu'à l'octave de la pente-

côte). De même, la guerre devait être suspendue chaque semaine, du mercredi soir au lundi matin. La
violation de ces défenses entraînait l'*excommunication*.

Paix de Dieu. — La *paix de Dieu* imposait aux
seigneurs l'obligation de respecter les biens et les personnes d'église, de ne pas molester les vieillards, les
femmes, les enfants (etc.).

Quand la monarchie eut acquis une certaine force,
elle intervint de son côté pour faire cesser les violen-
ces que commettaient les seigneurs.

Quarantaine le roi. — Philippe-Auguste créa la
quarantaine le roi par laquelle il interdit aux seigneurs
de faire supporter aux proches parents de l'adversaire
les conséquences de la lutte engagée, pendant un délai de quarante jours, à partir de l'ouverture des hos-
tilités. Cette défense résultait de ce que la guerre, par
suite des traditions germaniques sur la solidarité fa-
miliale, englobait la famille des gentilshommes guer-
royants. Or, il pouvait arriver que certains parents
fussent attaqués tout en ignorant l'état de guerre où
se trouvaient leurs chefs.

Asseurement forcé. — Les rois et les grands
feudataires imaginèrent aussi l'*asseurement forcé*. L'asseurement était une promesse, faite en justice et sous
serment, de ne pas commettre de violence envers une
personne déterminée. La violation de cette promesse
entraînait la peine de mort. On permit aux personnes
timorées de citer en justice les seigneurs dont elles re-
doutaient le caractère belliqueux, pour les contraindre

à l'asseurement. Le refus de comparaître et de prêter
le serment demandé entraînait saisie des biens.

Le droit de guerre fut prohibé par une ordonnance
de Philippe le Bel, en 1303. Mais ce n'est guère que
sous Louis XI que l'usage des guerres privées disparut
complètement.

§ 2. — **Droit de rendre la justice**.

Ce droit remonte à l'époque de l'appropriation par
les fonctionnaires carolingiens des offices qu'ils remplissaient pour le compte du roi (1). Tous les seigneurs
n'avaient pas la justice avec la même étendue. Les
uns avaient la *haute justice* qui s'appliquait aux affaires civiles et criminelles les plus graves ; les autres
n'avaient que la *basse justice* ou droit de juger les délits entraînant des condamnations pécuniaires et les
causes civiles peu importantes. Au XIVe siècle on créa
la *moyenne justice* qui fut détachée surtout de la basse
justice. Elle ne constitua pas un nouveau degré de juridiction.

On continua d'appeler directement de la basse à la
haute justice (2).

Les justiciables étaient les roturiers et les serfs habi-

(1) Nous avons vu également que les immunistes avaient obtenu la jouissance de ce droit, page 7.

(2) Nous parlons des *fiefs* les plus importants ; mais un grand
nombre de concessions variées ont porté ce nom, par exemple
le droit de toucher une rente déterminée, de chasser, de pêcher
(etc.). Le mot fief est donc une expression essentiellement souple
et élastique. Telle est la raison d'être de l'adage formulé en ces
termes par Loisel : « *Fief, ressort et justice n'ont rien de commun ensemble* ». *Instit. coutum.* liv. II, tit. II, 44.

tant la seigneurie. Il faut y ajouter les vassaux d'un même suzerain, par application du principe que *les vassaux sont jugés par leurs pairs*. Dans ce dernier cas, le suzerain présidait la cour et les pairs des vassaux en cause formaient un jury qui statuait au criminel ou au civil.

L'appel proprement dit n'existait pas, mais il y avait deux voies de recours : *la défaute de droit* et l'*appel de faux jugement*.

Défaute de droit. — La *défaute de droit* avait lieu quand un seigneur commettait un *déni de justice* et refusait de prononcer sur un différend. On pouvait en appeler au seigneur immédiatement supérieur et ainsi de suite, de degré en degré, jusqu'au roi. La défaute de droit était un recours ouvert aux roturiers comme aux gentilshommes. Si le déni était établi, le suzerain perdait sa souveraineté sur le vassal. Quand le plaignant était un roturier ou un serf, le seigneur perdait la connaissance de toutes les causes qui concernaient cet homme.

Appel de faux jugement. — L'*appel de faux jugement* était une prise à partie contre les juges qui avaient rendu une décision déloyale. Ce recours n'était permis qu'aux gentilshommes ; il était porté devant le suzerain immédiatement supérieur. La preuve se faisait par le duel judiciaire. Le plaideur devait recourir à des moyens de procédure pour isoler un juge particulièrement incriminé et éviter une lutte dangereuse contre chacun des membres de la cour.

§ 3. — Droit de lever l'impôt. — Banalités (etc.)

Ce droit s'exerçait à l'égard des roturiers et des serfs. Les impôts étaient directs ou indirects. Le type de l'impôt direct était la *taille* seigneuriale. Parmi les contributions indirectes il faut citer la *gabelle* et les droits de *travers* sur les personnes qui traversaient la seigneurie. Il y avait, en outre, au profit des seigneurs, de véritables monopoles connus sous le nom de *banalités*. Les vilains devaient faire moudre leur blé, cuire leur pain, pressurer leur vin au *moulin banal*, au *four banal*, au *pressoir banal*. Mentionnons encore les droits d'*épave*, de *déshérence*, d'*aubaine*, de *bâtardise* (etc.)

Ces droits subsistèrent en partie jusqu'à la Révolution.

§ 4. — Droit de battre monnaie.

Ce droit fut reconnu d'assez bonne heure aux seigneurs et aux évêques. Chacun d'entre eux pouvait s'opposer à l'introduction et à la circulation d'une monnaie étrangère dans sa seigneurie. Saint Louis fut le premier qui restreignit l'étendue de ce droit. En 1307, Philippe le Bel suspendit la fabrication de la monnaie par les prélats et barons du royaume. Ce droit cessa entièrement peu de temps après, du libre consentement des intéressés (1).

(1) Voir Gautier, *loc. cit.* p. 188.

SECTION VI

L'ÉGLISE AVANT ET PENDANT LA FÉODALITÉ.

Avant de parler du rôle de l'Église dans la féodalité il convient de donner quelques détails historiques sur cette importante institution.

§ 1. — L'Église avant la féodalité.

Depuis l'époque de son apparition à Rome, jusqu'à Constantin, le christianisme fut persécuté. L'édit de tolérance préparé à Milan, en 313, par *Constantin*, en permit le libre exercice, et à partir de ce moment, la constitution de l'Église commencée dans le secret des catacombes se compléta, au grand jour, avec l'appui des pouvoirs publics. Les divisions territoriales ecclésiastiques furent organisées sur le modèle des divisions politiques et administratives de Rome. Les cités principales avaient des *métropolitains* nommés plus tard archevêques ; dans les villes de moindre importance, il y eut des *évêques* groupés autour du métropolitain. Quelques cités puissantes, comme Arles et Vienne, furent pourvues d'un *primat* dont l'autorité s'étendit sur une vaste région. Le territoire où s'exerça l'action de l'évêque prit le nom de *diocèse* et correspondit au territoire des *civitates* romaines. Vers le IVe siècle on divisa les diocèses en paroisses à la tête desquelles on mit un ministre du culte qui reçut le nom de *curé*.

Principe électif. — Un des traits qui caractérisent la constitution de l'Église est le principe électif et représentatif. L'évêque est nommé par les fidèles et son élection est ratifiée par les autres évêques de la province. Très souvent, avant l'élection, ces derniers se réunissaient et choisissaient eux-mêmes un candidat qu'ils désignaient au suffrage des populations. Si celles-ci étaient divisées, les évêques jouaient le rôle d'arbitres.

Conciles et synodes. — L'Église tenait, sous le nom de *conciles*, des assises plus ou moins importantes. Les conciles qui comprenaient les évêques de toute la chrétienté s'appelaient *conciles œcuméniques* ; les autres étaient des conciles *nationaux* ou *provinciaux*. Ces derniers se composaient de l'épiscopat d'une province assemblé autour du métropolitain. Enfin, les évêques, pour les décisions graves, réunissaient parfois leur clergé en *synodes* (1).

Clergé séculier et clergé régulier. — Le clergé dont nous venons de parler fut qualifié plus tard de *séculier*, parce que ses membres vivaient au milieu du siècle. A côté de ce clergé se constitua ce qu'on a appelé le clergé *régulier* soumis à des règles particulières et qui prit naissance en Orient. Il était composé d'hommes qui quittaient le monde pour vivre en commun. C'étaient des *cénobites* (κοινος βιος, vie commune) appelés aussi *moines*. De l'Orient le monachisme pénétra en Occident. C'est St. Benoît qui fonda en Eu-

(1) Cette organisation subsiste encore.

rope, sur le Mont Cassin, le premier monastère. Sa règle introduite en France fut sanctionnée par un capitulaire de Louis le Débonnaire, de 817, et devint la règle de tous les monastères francs (1).

Formation du patrimoine de l'Église. — La personnalité morale de l'Église fut reconnue par Constantin. Elle put acquérir, sans conditions, par actes entre-vifs, à titre gratuit ou onéreux ou par testament ; elle était représentée par les évêques. Dès que les monastères apparurent, ils purent également acquérir entre-vifs, mais non par testament. Toutefois, si un moine mourait sans laisser d'héritiers, le monastère recueillait ses biens.

En dehors des libéralités nombreuses qui lui furent faites par des particuliers et qui se développèrent, l'Église reçut de l'État une partie des anciens temples païens et des terres qui en dépendaient.

Distinction de l'Église et de l'État. — Le christianisme a introduit la distinction du temporel et du spirituel. Avant lui la religion n'était qu'une des branches de l'administration. On devenait grand pontife comme on devenait consul ou tribun, et le souverain exerçait la plénitude de l'autorité sur les choses reli-

---

(1) St. Benoît est le père de la grande famille bénédictine dont la règle fut le travail manuel et intellectuel. Ce sont les Bénédictins qui ont défriché la terre et cultivé la science. C'est à eux que nous devons la conservation des monuments les plus précieux des auteurs profanes et l'une des plus vastes et des plus savantes collections qui existent, celle qu'ils ont publiée au XVIII° siècle.

gieuses, aussi bien que sur les choses civiles (1).

Les *rapports de l'Église et de l'État* se manifestèrent dans la législation, l'administration et la justice. C'est surtout dans la justice que le rôle joué par l'Église fut important.

Juridiction de l'évêque.

Juridiction de l'évêque. — Avant Constantin, les fidèles soumettaient leurs différends à leurs assemblées ; plus tard ils choisirent les évêques comme arbitres. A partir de Constantin, les évêques exercèrent une juridiction pour les causes ecclésiastiques et sur les clercs. Une constitution de ce prince conféra même -aux évêques le droit de connaître en dernier ressort des contestations entre toutes personnes, lorsque l'une seulement des deux parties consentait à recourir à l'arbitrage de l'évêque. Cette constitution ne fut qu'éphémère (2). L'empereur Arcadius exigea, pour que l'évêque fût compétent, le consentement des deux parties.

Après la formation de l'État franc, la situation de l'Église ne fit que grandir. On connaît le rôle important que joua l'épiscopat sous Clovis et ses successeurs. Les rapports de l'Église et de l'État devinrent très

(1) La confusion existait encore dans l'esprit de *Constantin*. C'est comme *pontifex maximus* que cet empereur convoqua le concile de Nicée, en 325, s'assit *episcopis innuentibus* à la première place, intervint dans la discussion, promulgua les décisions du concile, rendit une ordonnance d'exil contre *Arius* condamné (etc.). — Zeller, *Les empereurs romains — Constantin.*

(2) Un certain nombre d'auteurs la considèrent encore comme apocryphe.

étroits (1), les *clercs* obtinrent de nombreux privilèges.

Les clercs et leurs privilèges. — On donne le nom générique de clercs à toutes personnes appartenant à l'Église. Les ordres ecclésiastiques forment deux degrés : les ordres mineurs et les ordres majeurs. Les clercs sont d'abord tonsurés. La tonsure est leur marque extérieure, c'est la *couronne de clerc,* comme on disait au moyen-âge. Elle ne constitue pas un ordre à proprement parler. On devient ensuite portier, lecteur, acolyte, exorciste ; ce sont les ordres mineurs. On entre dans les ordres majeurs, avec le sous-diaconat auquel succèdent le diaconat, la prêtrise et l'épiscopat. Les clercs inférieurs jusqu'au sous-diaconat peuvent se marier. Ils jouissent des privilèges de cléricature tant qu'ils continuent de porter la tonsure et l'habit clérical.

Les moines sont laïques s'ils ne sont pas entrés dans les ordres. Quand ils ont prononcé les trois vœux de chasteté, pauvreté, obéissance, on les considère comme morts civilement. Leur succession s'ouvre et se partage comme au cas de mort naturelle.

Les clercs ont le *privilège du for* en vertu duquel ils ne relèvent que des tribunaux ecclésiastiques. Ils n'accomplissent pas le service militaire. C'est la sanction des lois de l'Église qui défendent aux clercs de verser le sang : *Ecclesia abhorret a sanguine.* Ils ne paient pas l'impôt ; ils bénéficient, au contraire d'une contribution levée au profit de l'Église et appelée la *dîme.* Cet impôt

(1) La primauté de l'évêque de Rome qui devint *le pape* fut reconnue par les Mérovingiens.

consiste dans le droit de recueillir le dixième des produits bruts du sol (1).

Union des pouvoirs temporel et spirituel.

— Dans l'État franc les évêques et les abbés des monastères jouent un grand rôle politique. Ils figurent au nombre des hauts fonctionnaires qui composent les *placita* ; ils siègent dans ces assemblées à côté des officiers civils, les ducs et les comtes. A l'époque de Charlemagne, les *missi dominici* comprenaient toujours un comte et un évêque.

En échange de cette importante situation qui lui est faite, l'Église devient plus unie au pouvoir séculier et perd de son indépendance. Les élections épiscopales doivent être d'abord autorisées puis ratifiées par le roi. Louis le Débonnaire rendit à l'Église toute liberté sur ce point ; mais en fait, la royauté continua d'intervenir comme par le passé, pour autoriser et ratifier les élections.

Les abbés des monastères étaient nommés par les religieux eux-mêmes. Ici encore l'autorisation royale intervenait au préalable. Mais on vit souvent les rois nommer arbitrairement, et en dehors des élections, des abbés et même des évêques.

L'union de l'Église et de l'État était tellement in-

---

(1) Les Hébreux, lors de leur entrée en Palestine, se partagèrent le sol. La tribu de Lévy, celle qui fournissait les prêtres ne fut pas comprise dans le partage ; mais sa subsistance fut assurée par une dîme que les autres tribus durent lui payer. La dîme fut probablement créée en France, par le concile de Mâcon, en 585.

time que plusieurs conciles tenus sous les carolingiens sont remplis de dispositions relatives à l'ordre temporel et que l'on trouve, d'autre part des capitulaires concernant la discipline ecclésiastique.

§ 2. — L'Église à l'époque féodale.

Quand arrive la féodalité, l'Église est riche et puissante. Son patrimoine s'est augmenté grâce aux libéralités des fidèles et des souverains. En principe, l'Église n'aliène pas, les canons le lui interdisent. Pour assurer la culture de ses biens, elle les concède à titre de *précaires*.

L'autorité royale étant énervée et méconnue, l'Église reconquiert son indépendance en matière d'élections : elle ne reconnait plus, au point de vue éclésiastique, d'autres autorités suprêmes que celle du pape et celle des conciles. Cependant les rois et les grands seigneurs donnent l'investiture aux évêques et aux abbés élus. Cet usage provoque la fameuse *querelle des investitures*.

Tribunaux écclésiastiques.—Sous la féodalité, la juridiction ecclésiastique atteint la plénitude de son développement.

Pendant longtemps cette juridiction est exercée par les évêques. Plus tard, dans la seconde moitié du XIIᵉ siècle, ils se déchargent de ce soin sur des clercs qui prennent le nom d'*officiaux* (officiales). Les tribunaux ecclésiastiques s'appellent alors *officialités*. A partir du XIVᵉ siècle, nous trouvons un personnage qualifié de *promoteur* chargé de prendre l'initiative de la répression des crimes et délits, de défendre les veuves et les orphelins (etc.). Il correspond à l'organisme que nous appelons de nos jours le *ministère public*.

Les tribunaux ecclésiastiques avaient une compétence *ratione personæ* et *ratione materiæ*.

Ratione personæ, tous les clercs sont justiciables des tribunaux ecclésiastiques, au civil comme au criminel. Cependant, les crimes les plus graves sont portés devant le juge laïque, après dégradation du clerc. — Le *privilège de clergie* fut étendu aux croisés, aux étudiants de l'Université de Paris, aux veuves, aux orphelins, aux lépreux et autres *personæ miserabiles*.

En raison des avantages que présentait la juridiction ecclésiastique sur la juridiction laïque, un grand nombre de personnes cherchèrent, sans droit, à se faire juger par les tribunaux d'Église. Comme il suffisait d'être tonsuré pour acquérir ce privilège, beaucoup de gens se faisaient faire la tonsure. Ces abus provoquèrent la création d'*experts barbiers* chargés de vérifier si la tonsure était ancienne ou de fraîche date. En même temps le tonsuré était interrogé pour connaître l'étendue de son savoir ecclésiastique.

On pouvait être clerc et néanmoins vivre comme les laïques, se marier, faire le commerce (etc.). Pour empêcher de profiter du privilège clérical des personnes dont le métier et les mœurs étaient peu compatibles avec le caractère ecclésiastique, plusieurs conciles défendirent aux clercs, d'être jongleurs, bouffons, bouchers (*ecclesia abhorret a sanguine*) et de tenir des cabarets.

Ratione materiæ, l'Église connaissait de toutes les causes concernant les sacrements et leurs conséquences légales : le mariage, sa validité, le règlement des intérêts pécuniaires des époux, les séparations de corps et de biens, la filiation, la légitimation (etc.). L'exécution des testaments était également de sa compétence, ainsi que toute obligation contractée sous la foi du serment, et tout ce qui se référait aux dîmes et aux bénéfices. Nous verrons plus loin les restrictions successives que les rois ont fait subir à la compétence des officialités.

La *procédure* est empruntée au droit romain de l'époque de Justinien. Le demandeur dépose entre les mains du juge un *libellus* dans lequel il expose ses griefs. Puis le défendeur est cité et le juge lui remet le *libellus* en lui fixant un délai pour qu'il déclare s'il acquiesce ou non à la demande. Si aucune entente n'intervient, les deux parties comparaissent devant le juge et l'instance est alors véritablement formée : il y a *litis contestatio*. Dans la seconde phase de la procédure, chacune des parties prête le serment *de calumnia* par lequel elle s'engage à ne se servir que de moyens loyaux. Ensuite, viennent les interrogations, les plaidoiries et la sentence.

L'Église condamnait à des peines spirituelles, *l'excommunication*, *l'interdit* qui s'appliquait parfois à des localités, enfin la *suspension* pour les clercs. Elle condamnait aussi à *l'amende*, à la *prison* et à la *fustigation*.

Les tribunaux ecclésiastiques présentaient sur les cours laïques des avantages qui expliquent pourquoi on les recherchait avec tant d'ardeur. En cour laïque on disait : *appel contient félonie et iniquité* (1) ; au contraire, devant les juges d'Église, on pouvait appeler de l'évêque au métropolitain, de celui-ci au primat et du primat au Pape. Les cours laïques n'accordaient pas de *dépens* : chacune des parties devait payer ses frais et le perdant n'était pas tenu de rembourser les dépenses du gagnant ; tandis que les officialités condamnaient aux dépens. Enfin, les juridictions ecclésiastiques frappaient les coupables de peines moins dures et avaient plus d'impartialité.

SECTION VII

AFFRANCHISSEMENT DES COMMUNES.

Le mouvement communal commença à se produire vers la fin du XIe siècle. Un grand nombre de villes devenues prospères supportaient avec impatience le joug féodal et cherchaient à s'en affranchir. Quelques institutions existant depuis une époque assez reculée leur vinrent en aide et favorisèrent leur émancipation. Ce sont notamment des corporations de marchands et artisans fondées sous le Bas-Empire et l'association ou confrérie drigine germanique appelée la *ghilde*. Il convient d'ajouter qu'il subsistait encore des traces de l'administration municipale organisée par les Romains dans le midi de la France et que le souvenir des libertés an-

(1) Nous avons vu qu'il n'existait que deux voies de recours ; l'une et l'autre exceptionnelles, la *défaute de droit* et *l'appel de faux jugement*, p. 21.

ciennes n'était pas sans provoquer de vives aspirations vers une situation meilleure.

A Paris la corporation des *nautæ parisienses* acquit la direction des affaires de la ville.

La *ghilde* était une association dont les membres se promettaient par serment secours et assistance mutuelle contre les personnes étrangères à la confrérie, dans tous les dangers et les grands accidents de la vie. On la trouve en Scandinavie, en Angleterre, en Allemagne, dans les Flandres. La *ghilde* pénètre en Gaule avec l'invasion des barbares. Elle est combattue par l'Église et par la royauté, mais elle se développe surtout quand se forme la féodalité, avec l'affaiblissement du pouvoir central et l'oppression des faibles par les seigneurs.

L'émancipation eut lieu dans les villes plutôt que dans les campagnes parce que l'esprit d'association y est toujours plus développé et qu'on y sentait davantage, alors, le poids des charges communes.

Le but du mouvement fut d'acquérir la plus grande somme de libertés civiles et politiques, la diminution de l'impôt, la suppression des banalités, une justice régulière (etc.).

Dans certaines villes, notamment à Laon, Vézelay, (etc.) l'émancipation fut acquise par une lutte à main armée. Ailleurs les seigneurs poussés par la crainte de l'insurrection accordèrent d'eux-mêmes des *chartes* qui renfermaient un certain nombre de franchises.

Les rois de France favorisèrent le mouvement dans les villes qui dépendaient des seigneurs. Cette intervention servait leurs intérêts en facilitant l'affaiblissement de l'aristocratie féodale, mais ils se gardèrent bien, en général, d'affranchir les villes qui dépendaient de leurs propres domaines. Parfois ils intervenaient en faveur de celle des deux parties qui leur offrait les avantages pécuniaires les plus importants. Dans la lutte de la commune de Laon contre son évêque, le roi intervint quatre fois en faveur de la commune et cinq fois contre elle.

Les villes n'acquirent pas toutes les mêmes libertés, les unes obtinrent simplement l'abolition du servage, la faculté pour les habitants d'aller et de venir et de s'établir où bon leur semblerait, la fixité des tailles et autres droits exigés par les seigneurs ; d'autres obtinrent un peu plus. Les plus favorisées eurent le droit de rendre la justice, de lever l'impôt, de nommer leurs magistrats, d'avoir une milice. L'organisation des villes présentait donc une très grande diversité. Quelques chartes servirent de modèles et furent reproduites par les seigneurs qui concédèrent des affranchissements ; ce sont notamment : celle de Lorris en Gâtinais donnée par Louis VII le jeune aux habitants de cette ville, celles de Laon, St-Quentin, Amiens (etc.) (1).

L'administration des villes différait suivant les régions et l'importance des libertés obtenues.

Consulats. — Dans le midi dominait l'organisation des *Consulats* dont l'origine était italienne. En Italie les évêques qui administraient les villes avaient

_____

(1) Citons également l'*Alphonsine* donnée par Alphonse de Poitiers à la ville de Riom, en 1270.

l'habitude de s'adjoindre des consuls ou conseillers pris parmi les habitants. Quand, au XIe siècle, les villes secouèrent le joug des évêques, elles conservèrent le consulat qui devint électif. Cette institution gagna le midi de la France au XIIe siècle.

Les consuls étaient assistés parfois d'un conseil délibératif. La noblesse et le clergé avaient l'accès du consulat aussi bien que la bourgeoisie (1).

Communes. — Les *communes jurées* étaient surtout répandues dans le nord et l'est de la France. Leurs libertés généralement obtenues par la lutte étaient très étendues. A leur tête, se trouvaient des *maires* (maïores) assistés *d'échevins* qui jouaient un double rôle. Réunis, ils formaient une sorte de conseil municipal ; séparés, ils avaient chacun des attributions exécutives distinctes. Les affaires les plus importantes étaient tranchées par l'*assembée générale des habitants.*

Prévôtés. — Les *prévôtés* ne s'administraient pas elles-mêmes. Elles étaient sous la dépendance du prévôt royal ou seigneurial. Les attributions du prévôt étaient délimités par les chartes d'affranchissement. Paris était une ville prévôtale privilégiée, car, à côté du prévôt du roi, se trouvait le *prévôt des marchands* et un corps de ville appelé *Parloir aux Bourgeois.*

Nous verrons plus loin ce que deviennent les libertés municipales sous la monarchie absolue (2).

(1) Esmein à son cours.
(2) Voir page 94.

CHAPITRE II

RECONSTITUTION ET DÉVELOPPEMENT DU
POUVOIR ROYAL.

Au Xe siècle, il n'y avait pas d'unité nationale, la France était morcelée en un grand nombre de seigneuries auxquelles appartenaient les attributs de la souveraineté.

La royauté avait alors une lourde tâche à accomplir ; il lui fallait reconstituer la notion de l'État et arracher à l'aristocratie féodale la puissance dont elle s'était emparée sous les descendants de Charlemagne. Cette œuvre difficile fut menée à bien par les Capétiens, grâce à l'appui qu'ils trouvèrent dans l'Église et grâce aussi, en partie, aux *légistes* qui présentèrent la puissance des Empereurs romains comme l'image sur laquelle devait se modeler la souveraineté monarchique française.

Nous verrons qu'au XIIe siècle, une renaissance du droit romain eut lieu en Italie, que de tous les côtés on se rendit à Bologne pour étudier la législation de Justinien. Or, on ne trouvait, dans cette législation formée des écrits des jurisconsultes et des constitutions impériales, rien qui ressemblât à la féodalité. L'Empereur avait la toute puissance ; il faisait la loi, déclarait la guerre, levait l'impôt, rendait la justice par lui-même ou par ses agents et battait monnaie ; personne n'avait de pouvoir rival du sien, tous les citoyens n'étaient que ses sujets. Les légistes s'efforcèrent de répandre partout ces idées et d'en faire l'application en faveur du roi. On proclama celui-ci le *souverain fief-feux* du royaume. Aucun acte relatif à la disposition des fiefs ne put être fait sans son consentement. Toute acquisition féodale par des roturiers entraîna le paiement d'un droit à son profit (le *franc-fief*). Les établissements ecclésiastiques ne purent acquérir de fiefs ou de censives sans l'autorisation royale. Enfin, comme le roi avait de grands vassaux ayant eux-mêmes, sous leur autorité un certain nombre de vassaux inférieurs, ces derniers, les arrière-vassaux, furent rattachés au roi, qui put exercer sur eux une action directe au point de vue de la justice, des impôts et de l'armée.

En même temps que se développe un courant d'idées favorable au pouvoir royal, le domaine de la couronne s'étend et peu à peu se forme l'unité nationale. Les moyens qui ont permis d'atteindre ces deux résultats sont :

1° L'exercice de la sanction des devoirs féodaux. — Au commencement du XIIIe siècle, Jean sans Terre ayant poignardé le jeune Arthur son neveu, pour l'empêcher de revendiquer ses droits au trône d'Angleterre, Philippe Auguste cita le meurtrier à comparaître devant ses pairs, les douze grands vassaux de la couronne. Sur son refus et en raison de sa félonie, il

3

s'empara, par application de la *commise,* de tous ses biens de France : la Normandie, l'Anjou, la Touraine et le Poitou (1203).

C'est en vertu du même principe que François Iᵉʳ annexa à la couronne le Bourbonnais, la Marche, l'Auvergne, le Forez et le Beaujolais, après la trahison du connétable de Bourbon qui s'était allié à Charles-Quint et avait porté les armes contre le roi, son suzerain (1523).

Les fiefs étant des tenures héréditaires, quand un vassal décédait sans héritiers, son fief faisait retour à la suzeraineté ; c'est ce qu'on appelait *la réversion.* Il était même admis que toutes les extensions de territoire réalisées par les titulaires successifs du fief suivaient le sort de la concession primitive et étaient acquises au suzerain. Alphonse, frère de Saint Louis, avait reçu le Poitou en apanage. Il épousa Jeanne, fille de Simon de Montfort, comte de Toulouse ; l'un et l'autre moururent sans enfants en 1271. Le Poitou et le comté de Toulouse furent alors réunis à la couronne.

2° **Les mariages des souverains.** — La Champagne et la Brie furent rattachées au domaine royal en 1284, par le mariage de Philippe le Bel avec la comtesse Jeanne.

La Bretagne fut acquise en 1491 par le mariage de Charles VIII avec la duchesse Anne. Le roi avait vingt et un ans, Anne de Bretagne en avait quatorze. La duchesse était recherchée par plusieurs prétendants parmi lesquels figurait Maximilien, empereur d'Allemagne. Anne de Beaujeu, mère du roi, qui avait négocié cette union fut assez habile pour l'emporter. Il fut stipulé dans le contrat que si la duchesse survivait au roi et n'avait pas d'enfants de lui elle ne pourrait épouser que son successeur et, en cas d'empêchement, le plus proche héritier présomptif de la couronne. Les précautions étaient bien prises pour rendre l'acquisition de la Bretagne définitive. Après la mort de Charles VIII, la reine Anne épousa, en 1499, Louis XII qui dut, pour pouvoir accomplir ce mariage, répudier sa première femme, la vertueuse Jeanne de France.

3° **L'annexion à la couronne du domaine personnel des princes, à leur avènement au trône.** — Le principe de la confusion du patrimoine privé du nouveau roi dans le domaine royal était pratiqué avant Louis XII. Néanmoins, ce prince crut devoir déclarer par lettres patentes, en 1509 que ses comtés et seigneuries de Blois, Coucy et autres, acquis par Louis de France, duc d'Orléans son aïeul, ne seraient pas confondus avec le domaine royal. Louis XII n'avait pas d'enfants mâles ; il voulait assurer à ses deux filles, Claude et Renée de France, la transmission de ses biens personnels. Or, si la confusion s'opérait, elles devaient être exclues de la succession paternelle, aux termes de la fameuse loi salique, dont nous parlons un peu plus loin.

Ces lettres patentes contraires à un principe considéré déjà comme loi de l'État, ne furent enregistrées qu'après une longue résistance et elles ne reçurent même pas d'exécution.

En effet, François Ier recueillit le domaine de la maison d'Orléans comme roi et non comme mari de la reine Claude. Ses successeurs en jouirent au même titre, sans que Renée de France devenue duchesse de Ferrare ni son mari ne fissent aucune revendication, en vertu des lettres patentes de 1509, de la part qui leur revenait dans ces biens.

La question fut posée de nouveau en 1590. Henri IV voulut, à l'exemple de Louis XII, se réserver la Navarre. Son affection pour la princesse Catherine sa sœur, le désir de payer ses créanciers et la crainte de ne pas laisser de postérité, le déterminèrent à publier des lettres patentes le 13 avril 1590 pour empêcher l'annexion de ses biens à la couronne. Ces lettres furent enregistrées par le Parlement de Bordeaux le 7 mai suivant. Mais, le Parlement de Paris, après plusieurs remontrances déclara la prétention du roi contraire à l'ordonnance de 1566 sur l'inaliénabilité du domaine dé la couronne et, en conséquence, refusa l'enregistrement des lettres patentes. En 1596, le roi en expédia de nouvelles : elles se heurtèrent aux mêmes oppositions.

Après dix-sept ans de lutte, le roi céda. Il révoqua ses lettres patentes et rendit, au mois de juillet 1607 un édit par lequel il reconnaissait « les duchés, comtés, vicomtés, baronnies et autres seigneuries mouvantes de sa couronne ou des parts et portions du domaine d'icelle tellement accrues et réunies à icelui que dès le moment de son avènement à la couronne de France, elles étaient devenues de même nature et con-

dition que le reste de l'ancien domaine de France » (1).
Napoléon III invoqua cette règle, en 1852, pour confisquer les biens de la famille d'Orléans (2).

4° L'inaliénabilité du domaine royal. — Le principe de l'inaliénabilité des biens de la couronne existait déjà au XIVe siècle. Il fut formulé expressément dans une ordonnance de 1566 qui ne permet l'aliénation que pour apanage des puinés mâles de la maison de France ou dans le cas de nécessité de guerre, avec faculté de rachat perpétuel. C'est à cette ordonnance que remonte le principe actuel de l'inaliénabilité et de l'imprescriptibilité du domaine public. Quant au domaine privé, de l'État, il est, aujourd'hui, aliénable et prescriptible.

Les règles dont l'indication précède auraient assuré plus rapidement encore l'unité nationale si elles n'avaient pas été contrariées par la pratique des *apanages*.

Apanages. — *Les apanages* étaient des concessions de terres que les rois de la troisième race accordaient, à titre de dotations, à leurs fils ou filles puinés. Les apanagistes avaient une puissance souveraine qui mit, à plusieurs reprises, la royauté en péril. Il suffit de rappeler la lutte de Louis XI contre le duc de Bourgogne, Charles le Téméraire. L'apanage faisait retour à la cou-

(1) Malecot et Blin. *Précis de droit féodal et coutumier*, p. 117.
(2) Par une loi du 2 mars 1832, Louis-Philippe en montant sur le trône s'était réservé la propriété des biens qui lui appartenaient avant son avènement à la couronne.

ronne dans le cas de décès faute d'héritiers mâles, en ligne directe. C'est ainsi que l'Anjou et la Bourgogne rentrèrent trois fois et la Normandie quatre fois dans le domaine royal. L'apanagiste ne pouvait pas, pour empêcher le retour éventuel à la couronne, aliéner les terres concédées, car depuis le XIIIe siècle, la clause de « retour faute d'hoirie » était insérée en termes exprès dans les actes de constitution des apanages.

A partir du XVIe siècle, il fut d'usage de donner aux filles des rois des dots en argent. Quand l'argent manquait on leur abandonnait des domaines rachetables à deniers et sans prescription possible.

Les apanages étaient un danger. On en vit un autre plus grand encore dans la possibilité, pour les femmes de succéder à la couronne.

Exclusion des femmes de la couronne (*Loi salique*). — Sous les mérovingiens et les premiers carolingiens, le trône était héréditaire ; il se partageait entre les enfants de la même manière que le patrimoine privé des particuliers. Les premiers capétiens furent assez adroits pour associer toujours leurs fils aînés au trône et les faire sacrer au moment où ils n'étaient encore qu'héritiers présomptifs. (1) Quand la royauté se crut assez forte pour se passer de cet expédient, les associations au trône cessèrent, Philippe-Auguste fut le dernier roi ainsi associé à la couronne et sacré du vivant de son père. A cette époque, le principe d'hérédité n'était plus contesté. Mais, le roi pouvait mourir

(1) Esmein à son cours.

ne laissant qu'une ou plusieurs filles. Si la couronne passait sur la tête d'une femme, la royauté était compromise par la faiblesse possible de la reine ; d'autre part, rien n'empêchait celle-ci d'épouser un prince étranger et de porter ainsi, le domaine royal dans une famille étrangère ?

Le cas se présenta pour la première fois en 1316. Le fils aîné de Philippe le Bel, Louis X le Hutin était mort ne laissant qu'une fille, Jeanne de Navarre. Philippe, frère du roi exerça la régence pendant quelques mois puis à la suite de réunions des principaux seigneurs, prélats et bourgeois, se fit attribuer la couronne à l'exclusion de sa nièce. Différents arguments furent invoqués, pour écarter Jeanne de Navarre. « Les lis ne filent pas, dit un texte de l'Évangile et cependant ils sont vêtus avec plus de splendeur que Salomon, dans toute sa magnificence. » Le royaume des lis ne pouvait pas tomber en quenouille. C'était une raison, au XIVᵉ siècle, mais comme elle pouvait sembler un peu faible, on en chercha une autre. Un article de la loi des Francs Saliens disait : « *Aucune portion de la terre salique ne passera aux femmes : cette terre appartiendra tout entière aux mâles* » (tit. LXII, *de alodis*, art. 6). La terre salique comprenait la maison de la famille et le petit domaine qui l'entourait ; les biens étaient possédés en franc-alleu. On déclara que l'impossibilité pour les femmes de monter sur le trône résultait de la loi salique. C'était une erreur, intentionnelle ou non, car l'article invoqué en faveur de Philippe V ne renfermait qu'une disposition de pur droit privé. Cependant, il convient d'observer que sous les mérovingiens, comme nous l'avons vu plus haut, le domaine de la couronne se partageait de la même manière que le patrimoine privé. « Tel est le point d'attache historique de la légende de la *loi salique* ; ajoutons que cette prétendue loi au sens légendaire, c'est-à-dire au sens de la loi de succession au trône de France, est en désaccord complet avec la vraie *loi salique*, puisque la loi salique légendaire est une loi de primogéniture et que la *loi salique* réelle consacre le partage égal entre les héritiers mâles » (1).

Après un règne de quelques années, (1316-1322), Philippe V le Long mourut ne laissant, lui-même que des filles. On applique, alors, pour la seconde fois, le principe de l'exclusion des femmes et Charles IV, frère du roi, monta sur le trône. A son tour, ce prince fut précédé au tombeau par ses deux fils et sa veuve donna le jour à une fille qui fut également exclue de la couronne. Le plus proche héritier mâle du roi défunt était Edouard III d'Angleterre, petit-fils de Philippe IV, par sa mère Isabelle. On l'écarta du trône sous prétexte que les femmes ne pouvaient transmettre des droits qu'elles n'avaient pas. Philippe VI de Valois, neveu de Philippe le Bel (il était fils d'un frère puiné de ce roi) monta sur le trône de France. On sait quelles furent les conséquences de cette dernière application de la loi salique.

(1) Viollet, *loc. cit.* p. 82.

CHAPITRE III

La royauté avait deux espèces d'organes directs : 1° des fonctionnaires supérieurs comprenant d'une part, les GRANDS OFFICIERS DE LA COURONNE, d'autre part, les SECRÉTAIRES D'ÉTAT et FONCTIONNAIRES DES FINANCES ; 2° des CONSEILS DE GOUVERNEMENT.

§ 1. — **Grands officiers de la couronne**.

Sous la monarchie franque le pouvoir central était confié à des personnages nommés *ministériales* ayant un caractère à la fois public et privé. Parmi ces grands officiers il faut citer : le *Magister palatii*, maître ou maire du palais dont les fonctions, modestes à l'origine, acquirent une importance considérable, surtout sous les rois de la seconde race qu'il finit même par détrôner ; le *Sénéchal* qui commandait à l'armée et dirigeait la justice ; le *Grand Référendaire* qui gardait le sceau et faisait rapport des requêtes et placets qui étaient présentés au roi ; le *Connétable* chargé de la surveillance des écuries du roi (comes Stabuli) : le *Grand Bouteiller* et le *Grand Chambrier*.

Les *Maires du Palais* disparurent sous le règne de Hugues Capet. Le poste de *Sénéchal* fut supprimé par Philippe-Auguste. Quant au *Grand Référendaire*, ses

3.

fonctions furent attribuées par les rois de la seconde
race au *Chancelier* qui eut la garde du sceau et l'administration de la justice et devint rapidement le fonctionnaire le plus important du royaume. Le *Connétable*
eut la direction de l'armée après la suppression du
Sénéchal. Enfin le *Grand Bouteiller* et le *Grand Chambrier* deviennent, sous les noms de *Grand Échanson*,
et de *Grand Chambellan*, de simples officiers de la maison du roi.

Dans l'ordre militaire, les rois de la troisième race
créèrent de grands officiers dont la puissance amoindrit celle du Connétable. Citons: les *Maréchaux de
France*, le *Grand Maître de l'Artillerie*, le *Colonel général de l'Infanterie*, le *Grand Amiral de France*.

Quand la charge de Connétable fut supprimée, en
1627, les Maréchaux de France eurent alors le premier
rang dans l'armée. Les autres grands officiers, à l'exception du Chancelier, disparurent dans la seconde
moitié du XVIIe siècle. Toutefois, la charge de Grand-
Amiral de France fut rétablie mais avec une importance beaucoup moindre (1).

Malgré leurs efforts pour rendre leurs fonctions héréditaires, les grands officiers de la Couronne n'eurent
jamais qu'un titre viager, mais néanmoins inamovible.

Le Chancelier. — Nous avons dit que le plus important d'entre eux étaient le *Chancelier*. Ce personnage était membre de droit de toutes les sections du

---

(1) Esmein à son cours.

Conseil du roi (1). Il présidait, en l'absence du souverain, les séances des États généraux. Il présidait également les Parlements et autres cours souveraines, dirigeait toute l'administration de la justice, et nommait aux offices de judicature. C'est le Chancelier qui rédigeait les grandes ordonnances. Il avait la garde des sceaux et à ce titre il était chargé de signer les expéditions de toutes lettres patentes et autres pièces qui devaient être scellées du grand sceau. Il arriva à plusieurs reprises que le Chancelier ayant déplu au roi, celui-ci qui ne pouvait le révoquer, en raison de son inamovibilité, lui retira la garde et la disposition du sceau de France, pour les confier à un *Garde des sceaux* révocable, généralement le successeur désigné du Chancelier. Ce dernier n'avait plus alors qu'un titre purement honorifique. Parfois même, le roi, après avoir retiré les sceaux au Chancelier, les conservait lui-même provisoirement pendant quelques années (2). La charge de Chancelier fut supprimée en 1790 et le *Garde des sceaux* prit le titre de *Ministre de la justice, garde des sceaux.*

§ 2. — Secrétaires d'État.

L'origine des Secrétaires d'État est des plus modestes. Ces agents de la royauté n'étaient, à l'origine, que de simples expéditionnaires qui portaient, sous le règne de Philippe le Bel, le nom de *Clercs du secré.* Plus tard,

---

(1) Il présidait la section du Conseil du roi appelée Conseil privé ou des parties, qui correspond à notre *Cour de Cassation* actuelle.

(2) Esmein à son cours.

ils eurent seuls le droit de signer les actes relatifs aux
finances. Sous les règnes de Charles VIII et de Louis XII,
l'un d'eux, Florimond Robertet joua un rôle considérable et rendit de grands services à la royauté. Cette circonstance contribua à donner plus d'importance aux
secrétaires dont les fonctions jusqu'alors restreintes à
la transmission des ordres du roi en matière de finances s'étendirent à toutes les affaires de l'État. A partir
de cette époque, ils prirent le titre de *Secrétaires des
finances et commandements du roi* (1).

Ces fonctionnaires ne portèrent le nom de Secrétaires
d'État qu'à compter de 1559. Le Secrétaire des commandements qui représentait la France au traité de
Cateau-Cambrésis, Claude de Laubespine, ayant re-
marqué que le plénipotentiaire espagnol se qualifiait
de Secrétaire d'État ne voulut prendre un titre inférieur
et signa comme lui.

Jusque sous le règne de Charles IX, les Secrétaires
d'État n'avaient pas de fonctions spéciales. Ils étaient
chargés d'exécuter les volontés du roi et d'expédier les
affaires, chacun dans l'étendue d'un territoire déterminé. Charles IX chargea un *Secrétaire d'État, de la
Maison du roi et de la Gendarmerie*. Cette dernière comprenait la majeure partie des troupes. Henri III créa,
en 1589, un *Secrétaire d'État des affaires étrangères*.
Aux XVII⁰ et XVIII⁰ siècles, il y eut quatre secrétaires
d'État. L'un avait les *affaires étrangères*, un autre *la
marine et les colonies*, un troisième la *maison du roi*

(1) De Luçay, *Les secrétaires d'État*, p. 4.

et les affaires ecclésiastiques, le quatrième *la guerre*. En outre, l'administration générale du territoire continuait comme par le passé, à être partagée géographiquement entre eux. Ainsi, le Secrétaire d'État de la maison du roi administrait Paris, l'Ile-de-France, Soissons, Orléans, le Poitou et la Saintonge ; le Secrétaire d'État des affaires étrangères administrait la Normandie, la Guyenne, la Champagne (etc.).

Sous le règne de Louis XIII et surtout sous celui de Louis XIV, les secrétaires d'État jouèrent un rôle considérable. L'un d'eux, le *premier ministre* avait la toute puissance après le roi. Comme ils sortaient souvent du tiers-état ou de la petite noblesse, ils devinrent l'objet de sentiments hostiles de la part des grands seigneurs.

Après la mort de Louis XIV, sous la Régence, la haute noblesse essaya de reprendre le pouvoir. Une déclaration du 15 septembre 1715 confia l'administration générale à plusieurs *Conseils* composés exclusivement de nobles. La sanction suprême appartenait au *Conseil de Régence*. Les Secrétaires d'État n'étaient plus que de simples secrétaires rapporteurs près les conseils. Mais comme le fait observer M. Esmein à son cours, ce système ne put fonctionner. Les grands seigneurs avaient perdu l'habitude de l'administration ; ils se montrèrent inexpérimentés et brouillons, des rivalités surgirent entre les divers *Conseils*. Bref, en 1718, les *Conseils* furent supprimés et les Secrétaires d'État reprirent toute leur importance.

§ 3. — Fonctionnaires supérieurs des finances.

Les agents supérieurs des finances n'apparurent qu'assez tardivement. Sous François Ier, un édit de 1523, créa un *Trésorier de l'épargne* assisté de deux *Contrôleurs généraux* pour centraliser les produits du domaine royal et des impôts, assurer la perception, contrôler les recettes et les dépenses. Plus tard, Henri III ayant institué dans les provinces des *bureaux des finances*, leurs présidents reçurent par un édit de 1637 émanant de l'initiative de Richelieu, le nom d'*Intendants*. Au-dessus d'eux on plaça un *Surintendant des finances* et un *Contrôleur général*. Après la disgrâce de Fouquet, la charge de *Surintendant* disparut et la direction suprême des finances appartint au *Contrôleur général*. Colbert exerça cette haute fonction jusqu'à sa mort, en 1683. Indépendamment des finances de l'État, le *Contrôleur des finances* avait dans ses attributions les dépenses des villes, le commerce intérieur, les ponts et chaussées, les mines, les hôpitaux et les prisons.

§ 4. — Conseil du roi.

De tout temps les rois ont compris la nécessité d'avoir, en dehors des grands fonctionnaires chargés de l'administration générale, des organes délibérants, ou *Conseils*. A l'époque mérovingienne c'étaient les *placita* ou assemblées de hauts dignitaires qui se réunissaient au printemps et en automne. Plus tard, à l'époque féodale, ce fut la *Curia regis* composée de seigneurs et de prélats. La multiplicité des affaires dont la *Curia regis* était saisie entraîna la division de ce corps en deux assemblées nouvelles, le *Parlement* dont nous parlerons un peu plus loin et le *Conseil du roi*.

Le Conseil du roi eut un caractère de permanence que n'avait pas eu la *Curia regis*. Le roi lui confia des attributions politiques, administratives et judiciaires.

Au point de vue POLITIQUE il délibérait sur les affaires étrangères, il préparait et élaborait (du moins jusqu'au XVIᵉ siècle) les ordonnances royales. Au point de vue ADMINISTRATIF il prenait les mesures destinées à assurer la bonne gestion des affaires du royaume et la perception des revenus ; il statuait aussi sur les recours contre les décisions des Secrétaires d'État.

Dans l'ordre JUDICIAIRE il avait un triple rôle : 1° *il était le régulateur suprême des juridictions* ; à ce titre il tranchait les conflits entre les divers Parlements ; 2° *il était tribunal de cassation*. La royauté n'avait pas voulu admettre qu'en laissant les Parlements connaître des affaires en dernier ressort, elle fût dessaisie du contrôle de la justice. De bonne heure le roi permit un recours contre les arrêts des Parlements. Il accordait, à cet effet, des lettres de *dire contre arrêt* ou des lettres de *propositions d'erreur*. Le pourvoi se portait devant la section du Conseil du roi qu'on appelait *Conseil privé ou des parties* et qui avait le caractère de notre Cour de cassation actuelle. Le pourvoi ne devait être admis que pour violation des ordonnances du roi ou des coutumes rédigées ; mais parfois le *Conseil des parties* examinait le point de fait pour une erreur énorme dans l'appréciation des faits, au criminel (1), comme au civil ; 3° *il était tribunal d'évocation*. La royauté n'avait jamais entendu se priver du droit de rendre la justice elle-même, quand bon lui semblait. C'était la *justice retenue*. L'hostilité que les Parlements apportèrent à différentes reprises, dans certaines affaires, contribua beaucoup à développer le droit d'évocation. La multiplicité des évocations amena la création d'un corps particulier qu'on appela *Grand conseil*.

Le Conseil du roi comprenait : 1° les *membres ordinaires* ou *conseillers d'État* qui touchaient des appointements et siégeaient d'une façon régulière (2) ; 2° les *membres extraordinaires*, généralement de hauts personnages de la noblesse et du clergé ; 3° les *membres de droit*, c'est-à-dire le Chancelier, les Secrétaires d'État, les Pairs de France et les Princes du sang et dans certains cas le Surintendant ou le Contrôleur général ; 4° les *maîtres des requêtes*, chargés de rapporter les affaires et qui avaient voix délibérative dans les affaires dont le rapport leur était confié (3).

Le nombre des sections du Conseil du roi fut variable. Il y en eut d'abord trois : le Conseil de la guerre, le

(1) C'est pour erreur de ce genre que fut rendu l'arrêt qui réhabilitait la mémoire de Calas condamné et roué pour avoir étranglé son fils. Cet arrêt fut rendu, comme on le sait sur l'initiative de Voltaire (1762-1765).

(2) Parmi les conseillers d'État, les uns siégeaient toute l'année, les autres alternativement pendant six mois ou quatre mois ; on les appelait conseillers *semestres* ou *quatrimestres*.

(3) La charge de maître des requêtes était vénale, comme l'est aujourd'hui celle d'*avocat à la Cour de cassation*.

Conseil des finances et le Conseil de la justice. En 1661, il y en avait six ; il y en eut jusqu'à onze.

Les principales sections étaient :

1° Le CONSEIL D'EN HAUT qui délibérait sur les questions importantes relatives aux affaires générales de l'État, sur les rapports avec les peuples étrangers, sur la paix et la guerre. Il comprenait, en dehors des membres de droit, de hauts personnages, membres extraordinaires qui prenaient, après avoir siégé dans ce Conseil, le nom de *ministres d'État* (1). Le Conseil d'en haut s'appelait aussi Conseil d'État ou des Affaires étrangères. Il avait des attributions politiques.

2° Le CONSEIL DES DÉPÊCHES dont le nom vient probablement de ce qu'on prenait communication, dans cette section du Conseil du roi, des dépêches émanant des provinces. Ce Conseil s'occupait des affaires intérieures, de l'administration générale du royaume et du contentieux administratif, comme notre Conseil d'État actuel. Il comprenait les membres de droit (Chanceliers, Secrétaires d'État, etc.), le Contrôleur général des finances et des membres extraordinaires.

3° Le CONSEIL PRIVÉ OU DES PARTIES qui, sous la présidence du Chancelier, statuait sur les recours en cassation, sur les conflits de juridictions et connaissait des évocations de justice et des règlements de juges (2). Son personnel se composait des membres de droit, des

_____

(1) Le secrétaire d'État aux affaires étrangères jouait le rôle de rapporteur près du Conseil d'en haut.

(2) Voir plus haut, page 47.

membres ordinaires ou conseillers d'État et des maîtres des requêtes chargés de faire les rapports.

4° Le CONSEIL DES FINANCES qui comprenait le contrôleur général des finances, comme président, les membres de droit, des conseillers d'État et plusieurs intendants des finances désignés par le roi.

5° Le CONSEIL DE LA GUERRE.

6° Le CONSEIL DU COMMERCE (etc.).

Grand Conseil. — A la fin du XVe siècle, en 1497,
le roi pour faire cesser l'encombrement des affaires
portées devant son Conseil, créa un tribunal permanent qui reçut, comme nous l'avons vu plus haut, le
nom de *Grand Conseil* et eut pour mission de connaître
des affaires judiciaires, et surtout des causes portées
devant le roi par évocation. Le *Grand Conseil* eut également des attributions en matière ecclésiastique. Il se
composait d'officiers inamovibles et était pourvu d'un
ministère public.

Malgré son nom un peu pompeux, le *Grand Conseil*
était un tribunal, supérieur sans doute aux Parlements,
mais inférieur au Conseil du roi. Un recours en cassation contre ses arrêts était toujours possible. Il était
porté devant le CONSEIL DES PARTIES. Cette institution
peu utile ne fut guère respectée ; elle ne joua jamais
qu'un rôle assez effacé.

CHAPITRE IV

INSTITUTIONS LIMITANT L'AUTORITÉ ROYALE.

SECTION PREMIÈRE.

PARLEMENTS.

De tout temps les rois se sont considérés comme étant la source de la justice. Aussi, les souverains des deux premières races avaient-ils auprès d'eux un tribunal suprême dont la compétence était illimitée. L'organisation de ce tribunal devait être nécessairement modifiée par la féodalité. Cette forme sociale, en dispersant les attributs de la souveraineté, diminua l'importance de la juridiction royale. Les grands seigneurs rendirent la justice dans leurs domaines, sans appel, et les rois n'eurent plus à connaître que des affaires qui se présentaient dans l'étendue du territoire soumis directement à leur autorité. Bientôt le pouvoir royal ayant reconquis une partie de sa puissance fit prévaloir cette idée que le roi est le *souverain fieffeux* du royaume. Placé à la tête de la hiérarchie féodale, il a sous sa dépendance les grands seigneurs ainsi que leurs vassaux et arrière-vassaux. Or, tout détenteur d'un fief est justiciable du tribunal de son suzerain. Le roi devenait donc naturellement président d'une cour suprême composée des vassaux directs de la couronne.

D'un autre côté, par application du même principe, l'autorité royale s'étendit sur les terres libres, sur les alleux dont l'indépendance était demeurée complète, jusqu'à cette époque. En même temps, le roi invoqua l'idée qu'il était gardien des intérêts religieux en France, pour revendiquer la connaissance des causes relatives aux biens temporels de l'Église, c'est-à-dire aux biens des évêchés, abbayes, monastères (etc.). Enfin, il s'érigea en protecteur spécial des villes de communes et de bourgeoisie et à ce titre, crut devoir évoquer devant lui les difficultés qui surgissaient entre ces villes et les seigneurs féodaux.

La Curia regis. — Le tribunal devant lequel devaient être portées toutes ces affaires si différentes les unes des autres était la *Curia regis*.

La *Curia regis* était à la fois le tribunal du souverain et une haute cour féodale.

En raison de ses attributions complexes, la *Curia regis* n'avait pas un personnel fixe. Quand il s'agissait des causes non féodales elle était composée de personnages formant l'entourage ordinaire ou accidentel du souverain. S'il y avait lieu de juger un grand vassal de la couronne, la *Curia regis* comprenait, par application des principes féodaux, les pairs du seigneur traduit devant la cour. De bonne heure, cependant, nous voyons les membres de la Cour du roi, lorsqu'elle fonctionnait comme cour féodale, réduits à douze pairs, dont six étaient ecclésiastiques et six laïques. Les six pairs laïques étaient, au début : les ducs d'Aquitaine, de

Bourgogne et de Normandie, les comtes de Champagne, de Flandre et de Toulouse. Les pairs ecclésiastiques étaient : l'archevêque de Reims, et les évêques de Châlons-sur-Marne, Beauvais, Laon, Langres et Noyon. Les pairies ecclésiastiques restèrent toujours les mêmes, les pairies laïques furent remplacées au fur et à mesure de l'annexion des grands fiefs à la couronne. Pour combler les vides, on créa des pairies nouvelles (la Bretagne, l'Anjou, l'Artois (etc.) qui devinrent de simples dignités établies par lettres patentes.

Habituellement, la *Curia regis* se réunissait au moment des grandes fêtes, on disait alors que le roi tenait un *parlamentum*. Sous le règne de Saint Louis, les *parlamenta* avaient lieu quatre fois par an. Les sessions furent réduites plus tard à trois et à partir de l'année 1274 on n'en trouve plus que deux et parfois même, qu'une seule. Cette réduction du nombre des *parlamenta* fut la conséquence de l'augmentation des affaires et de leur importance. Une session n'étant pas terminée quand commençait la session suivante, il s'établissait une fusion entre elles.

Le Parlement. — Vers la deuxième moitié du XIIIᵉ siècle, l'accroissement des affaires portées à la *Curia regis* et la nécessité d'opérer une division dans le travail entraînèrent une séparation de la Cour en deux parties. L'une dont nous avons déjà parlé fut le *Conseil du roi*, l'autre fut le *Parlement*.

Dès que le Parlement eut une existence propre, il acquit un siège fixe. On a longtemps cru, par une véritable confusion avec la *Curia regis*, qu'après avoir été ambulatoire, suivant le roi dans ses voyages et siégeant tantôt dans un endroit, tantôt dans un autre, il était devenu sédentaire sous Philippe le Bel, en 1302. Cette idée est inexacte ; le Parlement était déjà sédentaire sous le régime de Philippe le Hardi.

Le Parlement n'eut pas un personnel fixe et permanent dès l'époque où il fut formé. Les éléments variables et divers qui composaient la *Curia regis* se retrouvent dans la nouvelle cour et notamment les pairs de France, quand il s'agit du jugement d'un vassal. Le principe en vertu duquel un vassal ne peut être jugé que par ses pairs s'appliqua jusqu'aux dernières années de la monarchie.

En dehors des affaires ayant un caractère féodal, la composition du Parlement se transforma peu à peu. Déjà, pendant les derniers temps de la *Curia regis*, on avait vu apparaître des légistes, *Conciliarii* ou *Conseillers* qui avaient acquis rapidement une grande influence. Après la création du Parlement, leur importance s'accrut encore. Pour activer l'instruction des affaires, on nomma des *Commissaires enquêteurs* qui reçurent quelquefois la mission de statuer sur les causes qu'ils avaient instruites.

A la fin du XIVe siècle, le personnel du Parlement est arrêté d'une manière définitive. Les Conseillers et Commissaires sont devenus des magistrats qui reçoivent une rétribution déterminée et constituent une juridiction régulière. Les princes du sang et les pairs ont désormais seuls le droit de siéger à côté d'eux.

Création de Parlements provinciaux. —
Comme il était impossible que le Parlement de Paris
suffît pour connaître de toutes les affaires du royaume,
les rois créérent, dès le commencement du XIVᵉ siècle,
des Parlements dans les provinces. Celui de Toulouse
fut fondé en 1302, puis on voit apparaître successivement ceux de Grenoble, Bordeaux et Dijon. Quand
Louis XII fonda le Parlement de Rouen en 1499, il ne
fit que transformer l'ancienne cour des ducs de Normandie appelée l'*Echiquier*. Plus tard on créa les Parlements d'Aix, Rennes, Pau, Besançon (etc.). Quand
les Parlements furent supprimés, en 1790, ils étaient
au nombre de treize. Chaque Parlement embrassait
dans son ressort un certain nombre de provinces. Celui
de Paris était le plus étendu.

Dans les développements que nous allons donner,
nous nous occuperons surtout du Parlement de Paris,
sans oublier que les autres avaient des attributions
identiques.

Le Parlement exerçait des fonctions *judiciaires* et *politiques* et rédigeait des *arrêts de règlement*. C'est à ces
trois points de vue que nous allons l'examiner.

§ 1. — Organisation et attributions judiciaires.

Le Parlement fut divisé de bonne heure en trois
chambres : la *Grand'chambre*, la *Chambre des enquêtes*
et la *Chambre des requêtes*. Plus tard, au XIVᵉ siècle, on
créa une quatrième chambre qui fut appelée la *Tournelle*.

Grand'chambre. — La *Grand'chambre* était la chambre principale. Elle jugeait sur plaidoiries et connaissait en appel des décisions civiles et criminelles rendues par les baillis et sénéchaux. Les causes concernant les pairs étaient également de sa compétence ainsi que la *régale* et les autres causes intéressant le roi.

Chambre des enquêtes. — La *Chambre des enquêtes*, à laquelle se rattachaient les commissaires dont nous avons parlé plus haut, organisait la procédure dans les affaires instruites par écrit ; puis, la Grand' chambre prononçait l'arrêt. Plus tard l'arrêt fut rendu par la *Chambre des enquêtes* elle-même.

Chambre des requêtes. — La *Chambre des requêtes* recevait les suppliques adressées au roi pour affaires administratives ou judiciaires. Les magistrats chargés de leur examen portaient le nom de *maîtres des requêtes*. Ils n'avaient pas le droit de juger, ils devaient seulement apprécier s'il y avait lieu d'accorder des *lettres de justice* permettant au requérant de citer son adversaire devant le Parlement. C'est ainsi que les appels des décisions rendues par les baillis et sénéchaux étaient examinés d'abord par la *Chambre des requêtes*. Cette chambre finit par acquérir le droit de juger en premier ressort, sauf appel à la *Grand'chambre*, les causes concernant les officiers de la maison du roi et d'autres personnes jouissant du privilège appelé *committimus*.

Tournelle. — La *Tournelle* connaissait en appel des affaires criminelles entraînant peine corporelle et

infamante. Son nom vient soit d'une tourelle ou tournelle où devaient siéger les magistrats de cette chambre, soit d'un roulement au moyen duquel les conseillers des autres sections y venaient siéger tour à tour.

§ 2. — Rôle politique.

Les décisions émanant du roi : ordonnances, édits,
déclarations, lettres patentes, étaient toujours envoyées
au Parlement pour y être enregistrées. Cet usage très
ancien avait pour but d'assurer la publicité des actes
de la royauté, de fixer la date de leur promulgation et
d'en garantir la conservation. Mais le Parlement ne se
contenta pas de ce rôle modeste, il s'arrogea le droit
de faire des remontrances après vérification et discussion des décisions royales.

Remontrances. — Les remontrances étaient une
sorte de *veto*, au moyen duquel le Parlement partici-
pait à l'exercice du pouvoir législatif. L'origine d'un
droit aussi considérable paraît se trouver dans une ordonnance de 1319, où on lit : « Se il advenait que par
erreur, ou oubliance, si comme aucune fois avient,
nous passions et octroissions aucune chose contre la
teneur ou l'entente de nos ordenances dessus dites,
nous voulons qu'il ne soit mis à exéqution, mais soi
délayé et retardé jusqu'à tant que de ce on nous ait
avisé pour en dire et éclaircir notre final entente ; et
ce meimes entendons nous de toutes nos autres ordenances (1) ».

(1) Voir Gautier, *loc. cit.* p. 307. Les rois n'étaient pas fâchés,

4

Lettres de jussion. — Quand le Parlement faisait à la royauté des remontrances que celle-ci ne trouvait pas justifiées, le roi envoyait des *lettres de jussion* par lesquelles il prescrivait un enregistrement immédiat. Parfois le Parlement se résignait à obéir *de mandato expresso domini regis*. D'autres fois, il persistait dans son opposition et faisait de nouvelles ou « itératives » remontrances. Alors le roi triomphait de sa résistance au moyen d'un *lit de justice*.

Lit de justice. — Le roi se rendait lui-même au Parlement, prenait place sur un siège élevé ou lit et enjoignait aux conseillers d'enregistrer sa décision. On justifiait ce mode de solution des conflits entre le Parlement et la couronne en invoquant le principe que toute justice émane du roi, que les magistrats sont les mandataires, les délégués de la royauté. Le roi pouvait donc, comme tout mandant, retirer à ses mandataires le pouvoir qu'il leur avait confié.

Quand la monarchie devint absolue, les rois s'efforcèrent de limiter la faculté de remontrances. L'ordonnance de Moulins décida que les remontrances ne pourraient être faites qu'aussitôt après l'envoi de l'acte aux cours souveraines. « Et après que sur icelles remontrances leur aurons fait entendre notre volonté, voulons et ordonnons être passé outre à la publication sans aucune remise à autres secondes. »

parfois, de rencontrer de l'opposition dans le Parlement pour résister aux obsessions de leur entourage, notamment quand il s'agissait de *lettres de grâce.*

Cette disposition avait pour but d'interdire les « itératives remontrances. » Au XVIIᵉ et au XVIIIᵉ siècle, la lutte entre le Parlement et la royauté fut souvent très vive.

Pendant la minorité de Louis XIV, et sous la régence d'Anne d'Autriche, le Parlement de Paris entra en lutte contre Mazarin en refusant d'enregistrer des *édits bursaux*, c'est-à-dire des décisions financières qui aggravaient les charges des contribuables. Il fit entrer dans ses vues les autres cours souveraines : la *Chambre des comptes*, la *Cour des aides* et le *Grand conseil*. Les membres des quatre cours proclamèrent un *arrêt d'union* et s'assemblèrent dans la chambre de Saint-Louis, au palais de justice, « pour servir le public et le particulier et réformer les abus de l'État. » Les cours arrêtèrent une série d'articles qui étaient comme une charte assurée à la France et attribuant au Parlement le rôle principal dans l'État. Mazarin souffrit d'abord ces réunions, espérant y introduire la division et des rivalités. Il fit accepter les articles par la régente, le 30 juillet 1648. Mais plus tard il enjoignit aux quatre cours de mettre fin à leurs réunions, sans succès, du reste, car elles résistèrent avec énergie. Pour triompher de cette opposition le cardinal voulut faire arrêter trois des conseillers les plus hostiles. Le peuple prit fait et cause pour eux et Paris se couvrit aussitôt de barricades. Alors Mazarin plia et les conférences de la chambre de Saint-Louis reprirent. Un peu plus tard, quand la Fronde éclata, le Parlement se mit du côté des insurgés ; mais la Fronde fut vaincue.

Louis XIV ne perdit jamais le souvenir de ces luttes qui avaient troublé sa minorité et il eut pour politique de maintenir les Parlements dans le rôle le plus restreint. Par l'ordonnance sur la procédure civile, de 1667, il prescrivit de publier et d'enregistrer les décisions royales aussitôt après leur envoi et toutes affaires cessantes. Six ans après, une déclaration en date du 24 février 1673 ordonna d'enregistrer d'abord et permit de faire ensuite des remontrances, dans le délai de huitaine. Le Parlement de Paris s'indigna, fit au roi une remontrance, puis finit par enregistrer. « Ce fut, dit Daguesseau, le dernier soupir de la liberté mourante. » Le pouvoir absolu n'avait désormais plus de contrepoids.

Sous la minorité de Louis XV, le pouvoir du Régent était fortement limité par le testament de Louis XIV. Pour obtenir des droits plus étendus, il s'adressa au Parlement. Celui-ci cassa le testament de Louis XIV et reconquit, en échange de ce service, le droit de remontrances préalables que lui avait retiré l'Ordonnance de 1673. Bientôt l'usage qu'il en fit gêna le Régent et, en 1718, ce dernier réglementa le droit de remontrance, mais sans le supprimer. L'expérience montra le néant de cette réglementation, et le règne de Louis XV ne fut qu'une lutte perpétuelle entre la royauté et les Parlements, provoquée par des raisons religieuses et des raisons financières.

La bulle *Unigenitus* émanant du pape Clément XI, avait condamné sous Louis XIV, comme hérétiques cent une propositions des « *Réflexions morales sur le Nou-*

veau-*Testament* » du père Quesnel, prêtre de l'Oratoire (1713). Le gouvernement avait accepté cette bulle comme loi de l'État, mais les Jansénistes la repoussaient. Les Parlements qui de tout temps avaient été portés vers les idées gallicanes soutinrent les Jansénistes. — Christophe de Beaumont, élevé en 1746 à l'Archevêché de Paris, défendit aux prêtres de son diocèse d'administrer la communion à quiconque ne serait pas muni d'un billet de confession attestant qu'il avait reconnu la bulle et on refusa, par application de ce mandement, les sacrements à un conseiller du Châtelet et à des religieuses de Sainte-Agathe (1). Le Parlement s'émut, fit brûler le mandement, saisir les biens de l'archevêque, et voulut forcer les prêtres à administrer la communion aux malades. Le roi intervint alors et exila le Parlement (1753). Quand ils revinrent d'exil, les magistrats recommencèrent la lutte sur les questions religieuses.

En 1762, le Parlement de Paris s'unit avec les autres Parlements, et prétendit ne faire avec eux qu'un corps dont il était le principal membre. Les Parlements réunis s'appelaient alors *classes* du Parlement. Celui de Paris était de première classe. Chaque classe pouvait faire des remontrances sur les décisions royales et refuser de les enregistrer. La plus entière solidarité devait régner entre elles.

Cette espèce de coalition des Parlements raviva le conflit avec la royauté. Le roi lança des lettres de jus-

(1) Duruy, *Histoire de France*, t. II, p. 392.

sion, tint des lits de justice, exila les magistrats. Mais
ceux-ci s'étaient acquis une popularité, surtout par
leur résistance aux augmentations d'impôts sous forme
de vingtièmes additionnels, dont on écrasait le pays.
L'opinion publique était avec les Parlements (1).

En 1771, l'opposition devint plus vive que jamais.
Le duc d'Aiguillon, gouverneur de la Bretagne, avait
fait jeter en prison le Procureur général le Chalotais,
qui l'avait accusé de certains méfaits. Le duc fut des-
titué et poursuivi devant le Parlement de Rennes. Mais,
comme il était pair de France, le procès fut évoqué
au Parlement de Paris qui allait prononcer son arrêt
quand le roi, sur les instances de Mme Dubarry, arrêta
la procédure par un LIT DE JUSTICE. Les magistrats déclarèrent qu'ils n'avaient pas l'esprit assez libre pour
décider des biens, de la vie et de l'honneur des sujets
du roi et suspendirent le cours de la justice. Alors,
sur le conseil du *Chancelier Maupeou*, le roi se décida
à prendre une mesure extrême. Dans la nuit du 19 au
20 janvier 1771, deux mousquetaires pénètrent chez les
magistrats et leur enjoignent de répondre par *oui* ou *non*
à l'ordre de reprendre leurs fonctions. La plupart si-
gnèrent *non*. Ceux qui avaient signé *oui* se rétractèrent
le lendemain. Aussitôt le roi leur envoya des lettres
d'exil et Maupeou composa un nouveau Parlement
qui prit son nom et ne jouit d'aucune considération (2).

(1) Ils avaient, de leur côté, différentes ressources dans la
lutte : 1° l'impression et la publication de leurs remontrances ;
2° la suspension des audiences.

(2) Les avocats qui plaidaient devant l'ancien Parlement re-

Peu après, Maupeou, pour diminuer la puissance du Parlement de Paris, créa dans son ressort des *Conseils supérieurs*. Pour leur donner plus de crédit, il supprima à leur égard la vénalité des offices et proclama la gratuité de leurs arrêts. Mais l'opinion publique méconnut ce qu'il pouvait y avoir d'utile dans les réformes de Maupeou, et se prononça avec une extrême énergie contre lui.

Louis XVI exila le Chancelier et abrogea les mesures qui émanaient de lui. Il rappela les Parlements, mais en restreignant un peu leurs prérogatives. Bientôt le roi se retrouva en présence de la même opposition. Les Parlements résistèrent à la suppression de la corvée, à la proclamation de la liberté du commerce et de l'industrie (Édit de Turgot), à la circulation des blés et même à la tolérance en matière religieuse (Édit de 1787 qui rendait les droits de l'état civil aux protestants). Ces oppositions aveugles et systématiques étaient contraires à l'intérêt général. Bientôt Lamoignon en fut réduit à recourir comme Maupeou à des mesures énergiques. Cette fois encore, on imagina une réforme judiciaire. Les Parlements furieux insistèrent pour la réunion des États généraux. Quand on eut convoqué les États, leur premier acte fut de mettre les Parlements en vacance.

fusèrent presque tous de porter la parole devant le nouveau. Quatre seulement d'entre eux y consentirent; on les appela *les quatre mendiants*.

§ 3. — Arrêts de règlement.

Les arrêts de règlement étaient des décisions rendues par un Parlement et qui d'après la déclaration des magistrats eux-mêmes devaient faire loi dans tout le ressort tant qu'elles ne seraient pas cassées par le roi en son Conseil. Sur la matière de ces arrêts les Parlements se liaient pour l'avenir et s'interdisaient de juger d'une façon différente.

Les arrêts de règlement étaient rendus toutes chambres réunies et ils étaient envoyés aux juridictions inférieures pour être enregistrés et publiés comme les ordonnances, édits et déclarations du roi.

Les Parlements prétendaient justifier ce droit en se comparant aux anciens préteurs qui, au moment de leur entrée en charge, publiaient des édits par lesquels ils indiquaient l'interprétation qu'ils donneraient à la loi. Ils se comparaient aussi au sénat romain et au *Præfectus prætorio* du Bas-Empire, qui faisait des règlements généraux (1).

Les arrêts de règlement n'étaient qu'une loi provisoire, obligatoire tant que le roi n'avait pas statué différemment. Quand ils étaient sanctionnés par des lettres patentes, ils acquéraient l'autorité législative (2).

(1) Esmein à son cours.

(2) De nos jours, les arrêts de règlement sont absolument interdits par l'article 5 du Code civil. C'est une conséquence de la séparation des pouvoirs et de l'unité de la législation.

SECTION II

COURS SOUVERAINES.

La nécessité de diviser le travail et le caractère spécial de certaines affaires devaient amener la création de *cours souveraines* ayant des pouvoirs aussi étendus que ceux des Parlements. Ces cours furent : la *Chambre des comptes*, la *Cour des aides* et la *Cour des monnaies*.

§ 1. — **Chambre des comptes**.

Cette cour, créée par Philippe le Long, en 1319, eut pour mission d'examiner les comptes de tous les officiers comptables de la royauté ou des villes : baillis, prévôts, receveurs des finances (etc.), de recevoir leur serment, de les juger en cas de malversations, d'enregistrer les ordonnances et édits relatifs aux finances, les lettres de noblesse, de légitimation, de naturalisation (etc.). L'enregistrement entraînait la faculté de remontrance. — Pour empêcher l'encombrement des affaires à Paris, on créa une Chambre des comptes dans plusieurs provinces : en Bretagne, en Dauphiné, en Provence (etc.). Quelques Parlements remplissaient les fonctions de Chambre des comptes.

§ 2. — **Cour des aides.**

Elle fut créée par Henri II et succéda à la *Généralité des aides*. En dehors de Paris, on en établit à Rouen et à Montpellier. Cette cour connaissait de tout ce qui concernait les impositions ordinaires et extraordinaires.

Elle jugeait en appel les contestations relatives à la perception de l'impôt et qui avaient été tranchées en premier ressort par l'*élu*. Sa compétence s'exerçait au criminel comme au civil.

§ 3. — **Cour des monnaies**.

Cette cour souveraine fut également créée par Henri II. Elle était unique et sa juridiction s'étendait sur tout le royaume. Elle jugeait en dernier ressort toutes les causes civiles et criminelles concernant les monnaies. Ses justiciables étaient les officiers et ouvriers des hôtels des monnaies, les artisans qui employaient les matières d'or et d'argent, ceux qui faisaient des creusets. En matière criminelle elle prononçait des peines corporelles, même la mort ; elle avait le droit d'enregistrement et de remontrances.

SECTION III

ÉTATS GÉNÉRAUX.

Les États généraux étaient des réunions temporaires composées de députés des trois ordres.

Ces assemblées ont-elles quelque lien avec les *placita* des rois mérovingiens et carolingiens ? Répondaient-elles aux mêmes besoins ? Les assemblées carolingiennes avaient disparu sous Charles-le-Chauve. Dans la société féodale, le morcellement de la puissance publique, l'absence complète d'unité de pouvoir rendaient impossibles des réunions où la nation aurait été représentée. Les États généraux ne se rattachent donc pas directement aux *placita* des deux premières races. Ceux-ci, du reste, n'étaient pas l'image fidèle du pays, car ils ne comprenaient que des *majores*, grands personnages laïques ou ecclésiastiques (1).

§ 1er. — Causes de la réunion des Etats généraux.

Si l'on ne peut considérer les Etats généraux comme une continuation des *placita*, il faut reconnaître qu'ils répondaient à des besoins analogues. Dans les assemblées des Germains, les princes recevaient les dons, les subsides volontaires dont ils avaient besoin pour l'administration du pays. Cet usage persista sous les Mérovingiens et les Carolingiens et avec lui l'idée que les rois ne pouvaient rien exiger de leurs sujets, sans leur consentement. Dans la féodalité, les vassaux, ecclésiastiques ou nobles, en dehors des *aides aux quatre cas*, ne devaient rien à leurs suzerains. S'il fallait à ceux-ci, et notamment au roi, quelques ressources extraordinaires, ils ne pouvaient les obtenir que du libre consentement de leurs vassaux. En ce qui concerne les roturiers et les serfs, le droit de lever sur eux des contributions était, comme nous l'avons vu, une conséquence du droit de justice : le roi ne pouvait donc les imposer qu'avec l'autorisation des seigneurs justiciers. Quant aux villes émancipées, placées en dehors de l'organisation féodale, elles n'étaient obligées qu'aux prestations prévues dans leurs chartes ; elles n'en devaient pas d'autres.

(1) Les *minores* dont parle Hincmar ne jouaient aucun rôle actif.

Or, quand les circonstances contraignaient le roi à taxer les bourgeois, il fallait nécessairement leur consentement. On les appelait à siéger avec le clergé et la noblesse et ils s'engageaient à fournir des subsides dans des délibérations communes (1).

Les États généraux eurent également pour objet de conseiller la royauté. Les Grands réunis dans les *placita* avaient joué un rôle analogue. Ils étaient consultés sur toutes les mesures que nécessitaient les événements, guerres, traités, lois (etc.) (2). Ces traditions s'étaient maintenues. De tout temps, les rois avaient convoqué les principaux seigneurs et prélats auxquels on ajouta, plus tard, les représentants des communes.

Les États généraux ne constituaient donc pas un rouage ordinaire de l'organisation politique. On les réunissait par la force des choses, parce qu'on en avait besoin. Aussi, ne furent-ils jamais convoqués à des périodes régulières ; et, sous la monarchie absolue, depuis l'année 1614 jusqu'à la Révolution, on crut devoir se passer de leur assistance et de leurs conseils.

§ 2. — Principales réunions d'États généraux.

Les plus anciens États généraux dont l'histoire ait conservé le souvenir sont ceux de 1302, réunis par Philippe le Bel lors de sa lutte avec Boniface VIII. Le roi voulut se couvrir contre le Pape de l'assentiment du pays. Les trois ordres rassemblés proclamèrent l'indépendance du pouvoir temporel.

(1) Ginoulhiac, page 638.
(2) Hincmar, *De ordine palatii.*

En 1355, pendant qu'une partie de la France se trouvait à la merci des Anglais, le Trésor était vide. Les États que le roi avait déjà convoqués en 1351 furent rappelés pour fournir des subsides à la royauté. Les députés s'indignèrent du pillage auquel étaient livrées les finances de l'État. Ils prirent l'engagement de fournir cinq millions de livres pendant une année, mais ils devaient désigner eux-mêmes les agents chargés de la perception de l'impôt (ce furent les *élus*), régler et surveiller l'emploi de cette contribution destinée à frapper les trois ordres. Ils nommèrent, dans ce but, une commission de neuf membres qui fut l'origine de la *Cour des aides*. En 1356 et 1357, après la bataille de Poitiers, et durant la captivité du roi, les États eurent véritablement le gouvernement de la nation. La *grande ordonnance de 1357* comprenant 61 articles, rédigée en vue de donner satisfaction aux demandes des États, vint décider qu'ils seraient réunis deux fois par an, à époques fixes, qu'un conseil de 36 membres (12 par ordre), assisterait le prince dans l'administration du royaume, que d'autres seraient envoyés dans les provinces avec un pouvoir presque illimité, notamment pour châtier les fonctionnaires négligents, ou prévaricateurs, assembler et consulter les États provinciaux. Les impôts seraient votés et levés par les États qui en surveilleraient l'emploi en appliquant le principe de l'égalité. Les abus auxquels donnait lieu le droit de *pourvoierie* ou de *gîte* qui permettait aux seigneurs de se loger eux et leurs hommes d'armes chez les particuliers, devaient

5.

disparaître par l'abolition du droit lui-même. D'autres réformes concernaient l'armée et la justice.

C'était une véritable charte donnée au pays ; mais la division se mit dans le sein des États, des émeutes populaires et *la Jacquerie* survinrent. Les États généraux se dispersèrent, après être tombés dans un profond discrédit.

En 1369, sous Charles V, eut lieu une convocation en vue d'obtenir le vote des subsides nécessaires pour recommencer la lutte contre les Anglais. Les crédits furent accordés.

En 1402, pendant la démence de Charles VI, les États furent réunis. Ils comprenaient en dehors des trois ordres, des représentants de l'Université. Ils formulèrent et obtinrent, en 1413, une ordonnance dite *ordonnance cabochienne*. Comme celle de 1357, c'était une véritable Charte. Le sort en fut le même ; la France tomba dans l'anarchie et l'ordonnance resta inappliquée.

Nouvelle convocation, en 1420, pour souscrire au traité de Troyes qui livrait la France à Henri V d'Angleterre. Ces États, simulacre de représentation nationale obéissaient docilement à la pression anglaise. Dans les pays restés fidèles à Charles VII, les États se réunirent neuf fois en treize ans et consentirent de grands sacrifices en faveur du roi dépossédé, pour permettre la continuation de la guerre. C'est alors que fut créée l'armée permanente. En 1439, les États votèrent la taille pour en assurer l'entretien et, à partir de cette époque le roi jugea inutile de s'adresser plus longtemps au pays, lorsqu'il voulait lever l'impôt.

La politique de Louis XI n'était pas favorable à la réunion des États. Cependant, dans sa lutte contre la noblesse apanagiste, il les assembla en 1468, à Tours, quand il voulut retirer le gouvernement de Normandie à son frère.

Les États de Tours tenus en janvier 1484 eurent des séances mémorables. Pour la première fois, les trois ordres se montrèrent étroitement unis. Avant de voter l'impôt, ils voulurent connaître l'état des finances, mais ils ne purent obtenir que des comptes falsifiés. Ils accordèrent néanmoins pour deux ans au roi la taille que le royaume avait payée à la fin du règne de Charles VII. Avant de se séparer ils demandèrent « que le dit seigneur Roi déclarât et approuvât que les États du royaume fussent convoqués aux temps et terme de deux ans prochainement venant et ainsi constitués de deux ans en deux ans. » Philippe Pot, seigneur de la Roche, député de la noblesse de Bourgogne prononça un discours très hardi, dans lequel il émit des théories républicaines. Un procès-verbal des États de 1484, rédigé en langue latine, nous a été transmis par Masselin, député de Normandie.

Les vœux formulés en 1484 ne restèrent pas absolument lettre morte ; ils provoquèrent la rédaction de deux ordonnances, l'une de 1493, l'autre de 1497 qui donnèrent, dans une certaine mesure, satisfaction au pays.

Après la clôture des États de 1484 on resta, près d'un siècle sans réunions nouvelles. Dans cet intervalle on ne trouve que des assemblées de notables.

Au XVIᵉ siècle, de nouveaux besoins d'argent et la crise religieuse amenèrent des convocations qui eurent lieu à Orléans en 1560, à Pontoise en 1561, à Blois en 1576, et 1588 et enfin à Paris, en 1593. Les cahiers de doléance des États de 1560 et de 1561 inspirèrent à Michel-de-l'Hôpital diverses réformes qui furent réunies dans les ordonnances d'Orléans (1560), de Roussillon (1563), de Moulins (1566). Les doléances des États de 1576 provoquèrent l'ordonnance de Blois (1579).

Les États généraux de 1588 et de 1593 avaient été convoqués par les partisans de la ligue. Peu après la ligue tomba sous le ridicule dont la couvrit la *Satire Ménippée*, œuvre de quelques bourgeois parisiens : Rapin, Passerat, le chanoine P. Le Roy, Pierre Pithou (etc.). Henri IV, pour ne pas plonger la France dans des agitations nouvelles s'abstint de réunir les États qui ne devaient plus s'assembler qu'une fois avant la Révolution, en 1614.

A cette époque, la régence de Marie de Médicis avait produit des embarras financiers exigeant un vote de subsides.

Les États ouverts à Paris le 14 octobre 1614 furent clos au mois de mars 1615. Si les trois ordres s'étaient entendus, ils auraient pu mettre fin aux dilapidations et imposer les réformes nécessaires ; mais ils n'écoutèrent que leurs passions. Les vœux du clergé, de la noblesse et du tiers étaient en opposition absolue les uns avec les autres (1). Le clergé refusa de prendre au-

(1) Les cahiers des nobles renfermaient les vœux suivants : *qu'il fut interdit à tout roturier de porter arquebuses ou pisto-*

cune part des charges publiques, la noblesse jalouse
du tiers insista pour la suppression de la Paulette qui,
par l'hérédité des offices, donnait de l'extension à la
noblesse de robe. De son côté, le tiers demanda la suppression des pensions payées aux grands (etc.). Les
États se séparèrent sans avoir rien produit. Cependant,
quelques années après cette réunion la royauté publia
l'ordonnance connue sous le nom de « Code Michau »,
1629.

Sous la minorité de Louis XIV il y eut un projet de
réunion des États, mais il n'eut pas de suite. Il s'écoula
175 ans, avant que la France vît de nouveaux États
généraux, ceux de 1789 d'où sortit la Révolution.

§ 3. — Désignation des députés aux États généraux.

Jusqu'au XVIe siècle, la désignation des députés aux
États généraux n'est pas l'objet de règles fixes. Pour
le clergé, on distinguait ordinairement entre les prélats que le roi convoquait directement et les représentants des monastères désignés à l'élection. Les nobles
étaient choisis par le roi et se rendaient en personne
aux États ou se faisaient remplacer par des procureurs.
Les délégués du Tiers-État étaient élus dans les villes de commune et désignés par le prévôt du roi, dans
les villes prévôtales. Le droit à la députation n'appartint d'abord qu'aux villes les plus importantes. Les

---

lets, d'avoir chiens qui n'eussent les jarrets coupés, de se vêtir,
eux et leurs femmes, comme les nobles, de porter velours ou sa-
tin (etc.), sous peine de 1000 écus d'amende.

campagnes qu'on appelait *le plat pays* ne participaient ni à la rédaction des cahiers, ni à l'élection des députés. Plus tard l'élection s'étendit à toutes les villes, à tout le clergé et à la noblesse elle-même. Cette façon de procéder amena un rapprochement entre les trois ordres qui, en 1483, aux États de Tours, après la mort de Louis XI, se réunirent pour procéder à la nomination collective des députés.

Il convient de faire observer que, dans certaines régions, les États provinciaux avaient le droit de choisir des délégués pris dans leur sein.

Ce serait d'après les uns en 1483, d'après les autres en 1560 seulement que les campagnes auraient été représentées aux États.

Au XVIe siècle, le mode de désignation des députés des États généraux est réglementé d'une manière uniforme. Les lettres de convocation sont adressées aux baillis et sénéchaux par l'intermédiaire des gouverneurs. Le contenu en est ensuite communiqué aux curés de toutes les paroisses rurales et de toutes les petites villes. Le curé les lit au prône et les habitants se réunissent pour dresser les cahiers de doléances et nommer un délégué. Celui-ci se rend alors au petit bailliage ou bailliage cantonal. Tous les délégués des paroisses rurales et des villes ainsi groupés fondent, avec les délégués du chef-lieu où ils se trouvent, les doléances en un seul cahier puis choisissent parmi eux les électeurs du second degré. Ceux-ci une fois nommés s'assemblent au bailliage supérieur et les délégués de la ville viennent se joindre à eux. En même temps les nobles possesseurs de fiefs, les évêques, curés, abbés, prieurs et délégués des chapitres se réunissent également au bailliage supérieur pour procéder à l'élection directe de leurs représentants (1).

Au jour fixé par le bailli, les trois ordres se rendent au palais de justice. Lecture leur est donnée des lettres du roi. Puis, réunis chacun en un local différent, ils procèdent à la rédaction définitive des cahiers et à l'élection des délégués aux États généraux. Les cahiers de doléances constituaient, pour les députés, un véritable mandat impératif (2).

§ 4. — Fonctionnement et attributions des États généraux.

Pendant les premiers jours qui suivaient l'ouverture des États, on vérifiait les pouvoirs des députés et on désignait dans chaque ordre les orateurs qui devaient prendre la parole aux séances les plus importantes ; puis, avait lieu la séance royale dans laquelle le roi (ou son chancelier) lisait un discours où il indiquait l'objet de la convocation et faisait connaître ses vues personnelles. Les orateurs de chacun des trois ordres

(1) Augustin Thierry, *Essai sur l'histoire du Tiers-État*, p. 130. — Picot, *Les élections aux États généraux*. Compte rendu de l'Académie des sciences morales et politiques, 1874, t. II, p. 1 et 209.

(2) Aux États d'Orléans de 1560, les députés déclarèrent n'avoir pas reçu de leurs électeurs des instructions suffisantes, ce qui nécessita une nouvelle réunion, laquelle eut lieu à Pontoise, en 1561.

répondaient. C'est alors que les États avaient l'*os aper-tum* et pouvaient commencer leurs discussions.

La première question sur laquelle on avait à délibérer était celle de savoir si on voterait par ordre ou par tête. Nous avons vu qu'aux États de 1484 on vota par tête ; mais aux XVI et XVIIe siècles, le principe contraire l'emporta. Les États examinaient, ensuite, les demandes de la royauté, généralement des demandes de subsides.

L'initiative des États se manifestait par l'exposé des vœux et des griefs de la nation formulés dans les cahiers de doléances et par des pétitions et réclamations sur lesquelles ils appelaient l'attention de la couronne.

Avaient-ils d'autres attributions bien définies ? Pour la levée des *impôts*, nous avons vu qu'au début du XIVe siècle, le consentement des États était juridiquement nécessaire. Le droit de lever l'impôt appartenant aux seigneurs féodaux et aux villes émancipées, le roi ne pouvait, sans leur autorisation, taxer les habitants du royaume, en dehors de ses domaines. Bientôt, le roi établit qu'il pouvait lever l'impôt, de sa propre autorité et, à partir de Charles VII, après la création des armées permanentes, les États ne furent plus consultés que pour les subsides extraordinaires.

A plusieurs reprises les États généraux réclamèrent, dans le courant du XVIe siècle, le droit d'être consultés sur l'opportunité des *déclarations de guerre*. Ce droit fut revendiqué notamment par les États de Pontoise en 1561. La royauté refusa toujours de leur donner satisfaction.

Il en fut de même de la prétention qu'ils émirent de *surveiller les ministres et conseillers du roi*. Aux États d'Orléans, le Tiers proposa de rendre les convocations plus fréquentes. « *quand ce ne serait que pour garder ceux sur lesquels le roi se repose de ses affaires et sont à l'entour de sa personne.* »

La *périodicité des sessions* est la plus importante des prérogatives que réclamèrent les États. A Tours, ils sollicitèrent le droit d'être réunis de nouveau au bout de deux ans, à Orléans et à Blois ils demandèrent des assemblées quinquennales. Ils comprenaient, en effet, qu'ils ne pouvaient jouer un rôle réellement utile et tempérer l'autorité trop absolue de la royauté, si leurs réunions étaient irrégulières et exceptionnelles. L'histoire nous apprend combien ces vœux demeurèrent stériles.

Faut-il chercher uniquement dans cette absence de régularité des sessions la cause de la faiblesse et de l'impuissance des États généraux ? La rivalité des trois ordres n'était pas non plus de nature à donner une bien grande force aux assemblées. La noblesse voulait maintenir et augmenter ses privilèges et restreindre les droits dont jouissaient les roturiers, le tiers-état luttait contre ces prétentions et réclamait une partie des avantages réservés à la noblesse. Quant au clergé, il était comme divisé en deux camps. Le haut clergé sorti des rangs de la noblesse avait les mêmes aspirations ; au contraire le bas clergé d'origine généralement roturière et plus en contact avec les bourgeois, paysans, marchands (etc.) songeait davantage à défendre les intérêts des petits et des faibles.

Des éléments aussi disparates et des idées aussi opposées ne pouvaient aboutir à aucun heureux résultat.

SECTION IV

ASSEMBLÉES DE NOTABLES.

Les assemblées de notables avaient moins d'importance que les États généraux ; elles se composaient de représentants des trois ordres désignés directement par la royauté. Le roi réunissait les notables dans certaines circonstances graves où il avait besoin de conseils ou d'une assistance pécuniaire. L'assemblée avait voix consultative et pouvait émettre des vœux. Il est probable qu'à l'origine les réunions de notables et les États généraux devaient se confondre, en raison des analogies que l'on rencontre entre ces deux assemblées. Elles ne différèrent entre elles qu'à partir de l'époque où les États généraux devinrent électifs.

Quelques assemblées de notables ont marqué dans l'histoire. Mentionnons d'abord celle que *François I*ᵉʳ tint à *Cognac* en 1526 après le désastreux traité de Madrid qui livrait la Bourgogne à Charles-Quint. Les notables parmi lesquels figuraient surtout les bourguignons décidèrent que le roi ne pouvait céder la première pairie du royaume et déclarèrent qu'ils demeureraient français en dépit du roi et de l'Empereur. Cette opposition n'était pas contraire aux vues de François Iᵉʳ. Charles-Quint accusa son rival de déloyauté. François répondit qu'il « en avait menti par la gorge » et le provoqua en champ clos. La Bourgogne resta française.

Soixante-dix ans plus tard, en 1596, *Henri IV* ayant besoin d'argent dans sa lutte contre les espagnols s'adressa aux notables et les convoqua à *Rouen*. Il leur parla avec une bonhomie qui n'était pas exempte de finesse et se déclara prêt à suivre leurs conseils. Les notables encouragés par cet accueil voulurent mettre un peu d'ordre dans les finances et nommèrent un *Conseil de raison* qui rencontra de telles complications dans les comptes qu'il renonça de lui-même à la tâche qu'il avait entreprise.

Sous Louis XVI, les ministres de Calonne et Loménie de Brienne voulant éviter la réunion des États généraux recoururent aux notables (29 décembre 1786 et 3 décembre 1788) ; mais cet expédient fut impuissant, comme on le sait à arrêter le cours des événements.

SECTION V

ÉTATS PROVINCIAUX.

Un certain nombre de provinces avaient des assemblées composées de représentants des trois ordres et dont le rôle présentait une grande analogie avec celui que jouaient les États généraux. Elles avaient pour principale attribution le vote de l'impôt destiné à subvenir aux besoins de la province et le vote des contributions sollicitées par le roi (1). En dehors de cette

_____

(1) Les États provinciaux n'étaient pas obligés de lever la taille au profit du roi. Néanmoins, la monarchie fut bientôt assez forte pour imposer sa volonté. Ce qu'elle n'obtenait pas sous le nom de *taille*, elle l'obtenait sous forme d'*équivalences*. Les provinces

fonction, elles statuaient sur les grands travaux à entreprendre dans la province, pour ouvrir des routes,
creuser des canaux (etc.).

Les États provinciaux étaient au début des assemblées de vassaux laïques et ecclésiastiques qui, avant
l'annexion à la couronne, assistaient le seigneur suzerain, en exécution du service féodal de conseil. Quand
les fiefs furent successivement réunis à la couronne,
la royauté laissa subsister ces États soit de son plein
gré, soit par suite d'un engagement formel de respecter les institutions particulières et l'indépendance des
pays annexés. Il en fut ainsi, notamment pour la Bretagne et la Bourgogne. Dans quelques provinces, des
États ont été créés longtemps après l'incorporation à
la royauté. Cette création s'explique difficilement, car
les pouvoirs des États constituaient une limitation à
l'autorité royale. Au XV⁰ siècle, on trouve des assemblées de ce genre dans la plupart des provinces. Peu à
peu la monarchie absolue les supprime en Auvergne,
dans le Limousin, la Guyenne (etc.). Au XVIII⁰ siècle,
quatre provinces seulement sont encore pourvues d'É-
tats : le Languedoc, la Bretagne, la Provence et la Bourgogne. Mais ces provinces sont loin de jouir des mêmes
prérogatives qu'autrefois ; les États ne peuvent s'y réunir que sur l'ordre exprès du roi, des commissaires
royaux assistent aux séances et les délibérations prises
doivent être approuvées par la royauté.

pourvues d'États jouissaient alors de l'avantage d'une fixité
dans le montant de l'impôt : en outre, la taxe était répartie et levée par les délégués des États et non par les agents du roi.

Aux *pays d'États* on opposait les *pays d'élections*, c'est-à-dire ceux qui étaient soumis directement au pouvoir royal et administrés par ses agents. Le nom de pays d'élections venait de ce que au point de vue des impôts, ces pays étaient groupés en *généralités* divisées en *élections* à la tête desquels étaient les *élus* ou officiers de finances chargés de répartir la taille entre les paroisses et de trancher en premier ressort les difficultés soulevées par la perception des revenus du roi (1).

(1) La création des *élus* remonte aux États généraux de 1355. Ces agents furent nommés par les États, pour assurer la rentrée de l'impôt. Quand la royauté eut recouvré son indépendance, elle conserva ce rouage créé par les États et l'expression d'*élus* fut maintenue bien qu'ils fussent choisis, sans aucune élection, par la royauté.

CHAPITRE V

SECTION PREMIÈRE

PRÉVOTS. — BAILLIS ET SÉNÉCHAUX. — PRÉSIDIAUX.

A l'époque féodale, les rois (et d'une manière générale les possesseurs de fiefs auxquels appartiennent des droits de justice) ont des agents appelés *prévôts* (*præpositi*) qui cumulent avec les fonctions judiciaires, les fonctions financières, administratives et militaires.

§ 1er. — **Prévôts.**

Cette confusion de pouvoirs entre les mains d'un même officier s'explique par le peu d'étendue du domaine royal, la simplicité des affaires et une organisation très sommaire des différents services. Nous retrouvons, du reste, ce cumul dans toutes les sociétés anciennes.

Il est assez difficile de savoir à quelle époque exacte les prévôts ont été créés. Il est certain, toutefois, qu'ils existaient sous les rois de la troisième race.

Prévôtés à ferme et prévôtés en garde. — A l'origine, les prévôtés étaient baillées à *ferme*. Le fermier, moyennant une redevance fixée lors de l'adjudication, percevait pour son compte les profits attachés à sa fonction. Ce système était vicieux, car les intérêts personnels du prévôt pouvaient se trouver en conflit avec l'intérêt supérieur de la justice et d'une bonne administration (1). Aussi voit-on apparaître déjà sous le règne de St Louis, les prévôtés données *en garde* à de véritables fonctionnaires (2). Ce procédé semble avoir augmenté sensiblement le montant des revenus royaux (3).

§ 2. — **Baillis et sénéchaux.**

Pendant quelque temps, il n'existe entre les prévôts et la *curia regis* aucune catégorie d'officiers intermédiaires. Mais l'extension du domaine royal et l'importance croissante des affaires, nécessitèrent assez vite la création d'agents supérieurs aux prévôts, et chargés notamment d'exercer un contrôle sur les actes de ces derniers. On les appela *baillis* dans le Nord, et *sénéchaux* dans le Midi. Il est question, pour la première fois, de ces officiers, dans l'ordonnance de 1190, connue sous le nom de *testament de Philippe-Auguste*, que ce roi rédigea au moment de partir pour la troisième croisade.

Les baillis cumulaient, comme les prévôts, toutes les attributions.

Au point de vue *financier*, ils contrôlaient et centra-

(1) Esmein à son cours.

(2) C'est à cette époque, notamment, que la prévôté de Paris fût donnée en garde.

(3) Quand les prévôts agissaient comme juges, ils statuaient sur les causes non féodales des bourgeois et des roturiers.

lisaient les recettes ; au point de vue *militaire*, ils grou-
paient les contingents. Leurs fonctions de *juges*, peu
importantes au début, s'étendirent en même temps que
se développait l'appel.

Ces agents n'étaient pas sédentaires au début. Ils
tenaient mensuellement dans les villes principales de
leur ressort, des assises où ils recevaient les plaintes
contre les prévôts, pour déni de justice, et où ils connaissaient, comme juges d'appel, des sentences rendues par ces derniers.

En qualité d'officiers du roi, ayant pouvoir de le
représenter, ils présidaient les cours féodales dans les
seigneuries réunies à la couronne. D'où cette différence
qui exista, plus tard, entre les prévôts et les baillis,
que les premiers n'eurent jamais juridiction que sur
les bourgeois et les roturiers, tandis que les baillis eurent une juridiction d'appel contre les décisions des seigneurs justiciers. Les baillis furent alors fréquemment
pris dans les rangs de la noblesse.

Lieutenants. — Avec l'extension du pouvoir
royal, les affaires devinrent plus nombreuses et plus
compliquées. A partir de ce moment les baillis cessèrent d'être ambulants et se fixèrent dans la principale
ville de leur ressort. En même temps, comme ils étaient
surchargés d'occupations multiples ils se déchargèrent
du soin de rendre la justice sur des *lieutenants* versés
dans la science du droit. Le changement apparaît déjà
au XVe siècle. Après avoir dépendu exclusivement des
baillis, les lieutenants devinrent des fonctionnaires

royaux. En 1493, on leur attribua le quart des gages du bailli (1). Désormais, celui-ci qui n'a pas perdu ses attributions militaires, n'intervient plus, au point de vue de la justice, que pour exécuter les sentences des lieutenants, mais il conserve néanmoins sur eux une sorte de droit de surveillance.

Il y avait ordinairement deux lieutenants : le *lieutenant civil* et le *lieutenant criminel*. A dater de Charles VIII, ils furent choisis par une assemblée de notables et de gens de justice. Leur désignation dut être approuvée par le roi.

§ 3. — Présidiaux.

Les attributions des lieutenants furent restreintes par la création des *présidiaux* en 1551, sous le règne de Henri II.

On donna le nom de PRÉSIDIAUX à un certain nombre de *bailliages* et de *sénéchaussées* qui eurent une compétence particulière. On voulait, surtout, par cette création, enlever au Parlement, dans les causes peu importantes, la connaissance d'appels qui prolongeaient la durée des procès et augmentaient considérablement les frais. Les présidiaux n'étaient donc que des bailliages et sénéchaussées ayant acquis le droit de juger présidialement.

Ils se composaient de neuf conseillers dont sept étaient nécessaires pour le jugement. D'après l'édit de 1551, ils statuaient en dernier ressort jusqu'à 250 livres

(1) Ordonnance de juillet 1493 (Isambert, t. XI, p. 239).

de capital et 10 livres de revenu. En 1580, leur compétence fut étendue, sans appel, jusqu'à 500 livres de capital et 20 livres de rente (1).

On peut, assez exactement, les comparer à nos tribunaux de première instance. Ils subsistèrent jusqu'à la Révolution.

Les Parlements dont les attributions se trouvaient ainsi amoindries ne virent jamais les présidiaux avec faveur (2).

— Après avoir perdu leurs fonctions judiciaires, les *baillis* perdirent aussi leurs attributions financières qui furent données à des receveurs royaux chargés de centraliser les comptes. Les baillis ne conservèrent donc plus que leurs fonctions militaires.

Quant aux *prévôts*, ils restèrent à la fin ce qu'ils étaient au début, avec cette différence que les prévôtés baillées à ferme disparurent ; elles furent toutes données en garde (3).

Dans certaines grandes villes, les prévôtés acquirent une importance particulière. On peut citer la prévôté de Paris qui prit le nom de *Châtelet* et fut célèbre.

---

(1) A la veille de la Révolution, la compétence des présidiaux s'élevait en dernier ressort, jusqu'à concurrence de 2000 livres (Edits de 1774 et de 1777).

Ils connaissaient aussi de quelques matières criminelles.

(2) Les conseillers au présidial recevaient, indépendamment des épices, des gages fixes de 100 livres tournois, prélevés sur un impôt indirect que les habitants des villes et paroisses devaient établir.

(3) Esmein à son cours.

SECTION II

GOUVERNEURS ET INTENDANTS.

§ 1er. — Gouverneurs.

Quand les provinces sur lesquelles s'étendait l'autorité du roi furent devenues nombreuses, on plaça à leur tête des fonctionnaires spéciaux auxquels on donna le nom de *Gouverneurs*. Ils furent institués probablement vers la fin du XIVe siècle. Leurs attributions assez mal définies au début, comprenaient le pouvoir civil et le pouvoir militaire. En 1566, l'ordonnance de Moulins leur interdit de lever des deniers et d'usurper les attributions de justice. Leurs fonctions devinrent alors exclusivement militaires. Malgré cette restriction de leurs prérogatives, les gouverneurs étaient encore des personnages d'une grande importance. Henri IV fut en quelque sorte obligé de traiter avec eux et de leur racheter les provinces. Aussi Louis XIII et Louis XIV qui craignaient leur puissance, réduisirent-ils encore leurs attributions. Louis XIV leur défendit de lever des corps d'armée, et, de permanents qu'ils étaient, les rendit triennaux.

Au fur et à mesure que leur pouvoir diminue, leur nombre augmente. Ils ont cessé en effet d'être redoutables. Au XVIIIe siècle, il en reste 38. « On trouve encore au XVIIIe siècle, dit M. de Tocqueville, de grands seigneurs qui portent le nom de gouverneurs de provinces. On leur accorde des honneurs, mais ils n'ont plus aucun pouvoir. L'*Intendant* possède toute la réalité du gouvernement » (1).

§2. — **Intendants**.

A quelle époque les *Intendants* apparaissent-ils dans notre histoire ? Pendant longtemps, on a fait remonter leur création à Richelieu en 1625. Mais il est prouvé maintenant que le titre et les fonctions d'intendants existaient à une époque bien antérieure. Les fonctionnaires de ce nom créés par des ordonnances de 1625 sont simplement des présidents de bureaux de finances (2). Au XVIIIe siècle, afin d'assurer la surveillance des provinces, le roi désignait des maîtres de requêtes choisis dans son conseil, qui faisaient des tournées d'inspection, sous le nom de *chevauchées*. Cette institution paraît avoir donné de bons résultats. Les États généraux demandèrent que ces tournées devinssent plus régulières.

On fit droit à leur réclamation, et il arriva un moment où les intendants apparurent avec des fonctions permanentes. On les appela *Intendants de justice, police et finances* ou *commissaires départis* dans les généralités.

Un intendant fut placé à la tête de chaque généralité. De sorte que cette circonscription établie, comme nous l'avons vu, par François Ier et qui n'était qu'une division financière, devint une division administrative dans le sens le plus large du mot.

(1) *L'ancien régime et la Révolution*, p. 73.
(2) Esmein à son cours.

Justice. — Au point de vue de la *justice*, les intendants surveillaient les magistrats et connaissaient, en vertu des commissions spéciales, des affaires que les rois enlevaient aux juridictions ordinaires (bailliages, présidiaux et parlements). Ils statuaient sans appel, sauf toutefois le recours toujours possible devant le *Conseil du roi*.

Police. — Au point de vue de la *police*, il convient, d'abord, de faire remarquer que ce mot avait alors un sens beaucoup plus étendu qu'aujourd'hui. Πολιτεία c'est tout ce qui se rapporte au bon ordre de la cité. Les intendants avaient, à cet égard, des pouvoirs qui rentrent actuellement dans les attributions des préfets. L'agriculture, le commerce, les voies publiques (ouverture et entretien), la navigation, dépendaient d'eux (1). Ils avaient également la tutelle des municipalités. Ils faisaient des règlements locaux, organisaient le tirage au sort des milices (etc.).

Finances. — En ce qui concerne les *finances*, ils répartissaient l'impôt et statuaient sur les difficultés auxquelles donnait lieu sa perception. Mais il n'en était ainsi que dans les provinces conquises au XVIIe et au XVIIIe siècle qui n'étaient pas des *pays d'états*. En effet, dans les provinces anciennement annexées à la couronne et qui étaient *pays d'élections*, l'organisation

(1) Sous Louis XV et Louis XVI, les intendants s'appliquèrent à développer l'agriculture dont les premiers économistes avaient exagéré l'importance. Ils firent également des travaux de voirie qui étaient très avancés au moment de la Révolution.

financière fut maintenue (1). D'autre part, les *pays d'é-*
tats fixaient et levaient eux-mêmes leurs impôts (2).

Les parlements ne virent pas, sans résistance, de
nouveaux agents du roi chargés de fonctions judiciaires. En 1626, à l'occasion de l'assemblée des notables,
ils présentèrent au roi des remontrances qui ne pro-
duisirent aucun effet.

Subdélégués des intendants. — Les fonctions
des intendants étant très vastes, il leur était impossible
de traiter toutes les affaires par eux-mêmes. Aussi sub-
divisèrent-ils la généralité en un certain nombre de
circonscriptions, à la tête desquelles ils placèrent des
subdélégués, fonctionnaires qui ont une assez grande
analogie avec nos *sous-préfets* d'aujourd'hui. Ils en
différaient, notamment, en ce qu'ils dépendaient de
l'intendant seul et n'avaient que les pouvoirs que celui-ci voulait bien leur confier.

SECTION III
ADMINISTRATION MUNICIPALE.

L'administration municipale ne présentait pas sous
l'ancienne monarchie, de règles uniformes. En effet,
comme nous l'avons vu, l'étendue des libertés concédées aux villes, par des chartes, dans le cours des XII°
et XIII° siècles, n'avait pas été la même partout. Quant

(1) Voir page 85, et chap. VII, sect. IV. Les intendants sur-
veillèrent les bureaux d'élections, sans se substituer à eux. Ils
furent cependant chargés parfois dans ces pays de la répartition
qu'on appelait aussi le *département* de la taille, entre les élections ; ce qui donna lieu à des conflits entre eux et les trésoriers.
(2) Esmein à son cours.

aux petites villes, aux bourgs et aux villages, les traditions ne s'y étaient pas formées dans des milieux identiques et n'avaient pas répondu partout aux mêmes besoins.

Il y a cependant un rapport commun que l'on découvre entre les municipalités : au lieu de confier l'administration à un seul officier, on charge de ce soin plusieurs magistrats qui, d'après les régions, sont désignés sous les dénominations les plus diverses.

Nous avons parlé des communes jurées jouissant d'une véritable autonomie. Cette indépendance ne dura pas. L'abus que certaines villes firent de leurs libertés devait engager le roi à les faire rentrer dans le droit commun. D'autre part, l'autorité royale devenue puissante, s'accommodait difficilement de l'indépendance municipale. Plusieurs des droits que possédaient les villes étaient considérés comme des droits régaliens, comme des attributs essentiels de la souveraineté que le roi devait reprendre. C'est ainsi que la justice civile obtenue par beaucoup de villes leur fut retirée (Ordonnance de Moulins 1566). L'ordonnance de Blois, en 1579, leur enleva la juridiction criminelle. Le roi finit par ne laisser aux villes les plus avantagées qu'une juridiction de petite police. Quant aux milices, on les supprima peu à peu, malgré leur utilité.

Le personnel municipal était composé d'officiers qui portaient, suivant les régions, les noms d'*échevins, consuls, syndics, jurats, capitouls* (1).

(1) *Echevins* dans le nord, *consuls* dans le midi, *capitouls* à Toulouse, etc.

La réunion des échevins ou consuls s'appelait le corps de ville. Ce collège de magistrats avait un pouvoir de délibération dans certaines affaires ; il était chargé également d'exécuter les décisions du conseil de ville, assemblée composée de notables des divers quartiers ou de leurs représentants élus. Le conseil de ville ne se réunissait que sous la présidence du gouverneur ou du juge royal. Il statuait sur les affaires les plus importantes.

Dans beaucoup de villes, les échevins et les consuls se donnaient un chef nommé maire (major, maïeur). Ce fonctionnaire agissait en vertu d'une délégation de ses collègues, sur lesquels il n'avait généralement qu'une prépondérance très restreinte.

Le mode de désignation des membres du corps de ville varia suivant les communes et suivant les époques. Pendant longtemps, il reposa presque uniquement sur l'élection. Dans quelques localités, on recourait au suffrage universel ; ailleurs existait un suffrage à deux degrés. Ici l'élection avait lieu par quartiers, là, par des délégués spéciaux (officiers de judicature, corporations d'arts et métiers, etc.). Dans certains endroits, pour empêcher l'intrigue, on tirait au sort. On vit même des villes dégoûtées des désordres produits par l'élection, renoncer à ce principe et demander au gouvernement la nomination de leurs magistrats municipaux.

Quand la monarchie devint absolue, l'action du roi commença à se faire sentir dans les élections. En 1692, pendant la guerre de la succession d'Espagne, Louis XIV, qui avait besoin d'argent, afin de lutter contre l'Europe coalisée, imagina à titre d'expédient pour s'en procurer, de rendre vénaux les offices de magistrats municipaux. Le roi justifiait cette mesure par la nécessité de supprimer la cabale dont le principe électif était l'occasion. On permit, néanmoins, aux villes de racheter le droit de nommer les membres de leur administration municipale. La vénalité fut abolie en 1714. Sous le règne de Louis XV, elle fut rétablie, puis supprimée à diverses reprises. Ces péripéties rendaient les bourgeois peu désireux d'acheter des fonctions qu'un nouvel édit pouvait leur enlever, sans indemnité.

. Le dernier acte sur cette matière, et un des plus importants, est *l'édit de 1765*. Son but était de substituer l'uniformité à la diversité qui existait dans le régime municipal. En 1764, l'élection avait été rétablie. *L'édit de 1765* eut à régler le nouveau système. Il décida que le *corps de ville* se composerait d'un maire, de quatre échevins (adjoints) et de six conseillers, tous nommés au suffrage à deux degrés. Mais à l'occasion, les notables de la cité devaient se réunir, pour délibérer sur certaines affaires et prendre des décisions. En outre, l'édit créa un *syndic* (receveur municipal) et un secrétaire greffier chargé des écritures. L'édit de 1765 ayant soulevé des réclamations fut révoqué en 1771. Après l'échec de cette tentative, la diversité des institutions municipales réapparut et subsista jusqu'en 1789.

En dehors de la vénalité, le droit de libre administration fut sensiblement restreint par la création des *Intendants* dont l'autorisation devint nécessaire aux vil-

les pour ester en justice. Quant à la faculté d'aliéner
et d'emprunter, l'intervention du *conseil du roi* devint
nécessaire. C'était l'établissement d'une véritable tutelle administrative (1).

Les villes seules jouissaient de l'organisation que nous
venons de décrire. Dans les *petits villages* la *paroisse*
constituait une division principale et essentielle, comme
aujourd'hui encore en Angleterre. Les intérêts de l'É-
glise et ceux des habitants se confondaient. L'assemblée générale composée de ceux qui payaient une somme
d'impôts, dont le minimum était peu élevé, administrait les biens communaux (2). La réunion de l'assemblée ne pouvait avoir lieu qu'avec l'autorisation du
seigneur justicier et sous sa surveillance ou celle de
son délégué, le bailli. Au XVIIIe siècle, le seigneur fut
partout remplacé par des *syndics* qui eurent pour mission d'exécuter les décisions de l'assemblée (3).

(1) Esmein à son cours.
(2) Elle nommait aussi les fabriciens et les sacristains (Esmein).
(3) L'assemblée de la paroisse se réunissait, aussi, pour la nomination des répartiteurs et collecteurs de la taille ainsi que
pour le tirage au sort des milices, mais sous l'autorité de l'Intendant.

CHAPITRE VI

PARTICULARITÉS RELATIVES A L'ORGANISATION JUDICIAIRE.

Nous avons vu qu'à l'époque féodale les grands seigneurs jouissaient des attributs de la souveraineté, qu'ils avaient notamment les droits de haute, moyenne et basse justice. Comme le roi, ils étaient entourés d'agents chargés d'exercer la juridiction civile et criminelle sur tous les habitants de leurs domaines. Ces agents portaient également le nom de prévôts et de baillis. Ils étaient révocables au gré du seigneur. Leur charge ne devint jamais héréditaire et, par suite, inamovible.

De son côté, l'Église avait des tribunaux et exerçait une juridiction, d'une part sur les clercs et d'autre part sur toutes personnes dans les matières ecclésiastiques (compétence *ratione personæ* et *ratione materiæ*). Au début, la justice était rendue par les évêques eux-mêmes, plus tard ils se déchargèrent de ce soin sur des clercs qui prirent le nom *d'officiaux*. Les tribunaux ecclésiastiques s'appelèrent alors *officialités*.

Enfin, un certain nombre de communes avaient obtenu, dans leurs chartes d'affranchissement, le droit de justice qui était exercé par leurs *échevins*, leurs *maïeurs*, leurs *jurats*, *capitouls*, *consuls* (etc.) suivant les régions.

Au fur et à mesure que grandissait la puissance royale les souverains devaient s'efforcer de restreindre l'importance de ces justices rivales de la leur.

SECTION PREMIÈRE

LUTTE DE LA ROYAUTÉ CONTRE LES JURIDICTIONS SEIGNEURIALES, ECCLÉSIASTIQUES ET MUNICIPALES.

§ 1er. — **Lutte contre les juridictions seigneuriales**.

Les rois empiètent sur les *justices seigneuriales* par l'application de trois théories: la théorie des *cas royaux*, celle de *la prévention* et celle de *l'appel*.

Cas royaux. — On entendait par *cas royaux* certaines affaires qui à raison de leur nature devaient être portées devant la juridiction royale : les crimes de lèse-majesté, la fausse monnaie, toutes les causes intéressant l'ordre et la sécurité publiques, même en matière civile, comme le trouble et la dépossession par violence. La connaissance de ces affaires fut attribuée non pas aux prévôts, mais aux baillis. Après avoir été assez restreints, les *cas royaux* augmentèrent peu à peu. Les seigneurs s'en émurent et prièrent les rois de leur donner une définition des *cas royaux*. Ceux-ci répondirent d'abord d'une façon vague en disant qu'il s'agissait de cas qui, de droit ou d'après les anciennes coutumes, devaient appartenir au souverain prince. Plus tard cependant, et à plusieurs reprises, la royauté crut devoir donner dans ses ordonnances une énumération des *cas royaux*, mais elle eut soin d'ajouter chaque fois, pour indiquer que l'énumération n'avait pas un caractère limitatif : « et autres cas appartenant au droit royal »,

Prévention. — La prévention était un cas d'application du principe que toute justice émane du roi, que les juridictions seigneuriales et autres ne sont que déléguées. Si les juges seigneuriaux ne se hâtent pas de se saisir des affaires, cette négligence permet au juge royal d'intervenir, de se saisir le premier et d'exercer au nom du souverain les droits qui lui appartiennent. — Les baillis déployèrent une extrême activité pour enlever aux seigneurs le plus grand nombre d'affaires possible.

Appel. — Cette théorie n'eut pas pour effet d'enlever des causes aux seigneurs mais d'attribuer au roi la décision suprême, de réduire les juridictions seigneuriales au rang de tribunaux inférieurs. Le droit féodal ne connaissait pas l'appel à proprement parler. Nous avons vu que la féodalité admettait seulement deux voies de recours : la *défaute de droit* et une prise à partie assez grossière, le *faussement de jugement* ou *appel pour faux jugement*. L'appel, ou recours devant un tribunal supérieur, pour obtenir la réformation d'une décision rendue par un tribunal inférieur, a été admis sous l'influence des légistes imbus des théories du droit romain. Ce moyen de procédure apparaît, dès le règne

6.

de Saint Louis, après la suppression du duel judiciaire.
Il présente au début quelques-uns des caractères du
faussement de jugement ; c'est ainsi que le juge doit
comparaître avec les parties et défendre son jugement.

On appela du prévôt au bailli, du bailli au Parlement et du Parlement au roi en son conseil. Bientôt
le roi, comme *souverain fieffeux* du royaume, revendiqua le droit de réformer les décisions émanant des
cours de justice de ses grands vassaux. Plus tard, l'appel des juridictions seigneuriales inférieures put être
porté devant les baillis et sénéchaux, et comme les
jugements de ces officiers n'étaient pas rendus en dernier ressort, il en résulta une procédure longue, com-
pliquée et coûteuse. La multiplicité des degrés de juridiction fut une des plaies de l'ancien régime.

L'appel des jugements rendus par les officiers municipaux fut porté devant les baillis du roi.

§ 2. — Lutte contre les juridictions ecclésiastiques.

Quant aux *tribunaux de l'Église*, l'appel de leurs
décisions à la justice royale ne semble pas avoir été
admis, en raison du caractère spécial des personnes et
des matières à l'égard desquelles s'exerçait leur compétence. Mais les rois eurent à lutter contre les em-
piétements de ces tribunaux et créèrent *l'appel comme
d'abus*. C'est vers le milieu du XIII siècle que le conflit prend naissance.

Appel comme d'abus. — En 1329, Philippe VI
réunit à Vincennes une assemblée de barons, seigneurs

et prélats. Pierre du Cugnières, conseiller du roi, se fit l'accusateur des tribunaux ecclésiastiques ; il énuméra soixante-six griefs contre leur juridiction. Pierre de Roger, archevêque de Sens (plus tard Clément VI), les défendit avec une hautaine énergie. Il fut décidé que si, dans le délai d'un an, les prélats n'avaient pas réformé les abus dont on se plaignait, le roi y apporterait tel remède qu'il plairait *à Dieu et au peuple*. C'est à partir de ce moment que *l'appel comme d'abus* devient une institution légale.

Les appellations comme d'abus, furent portées devant les Parlements.

Cas privilégiés. — Les rois ne se contentèrent pas de mettre un frein aux empiètements des tribunaux ecclésiastiques ; ils s'efforcèrent de leur retirer les affaires les plus importantes et imaginèrent, à leur égard, un procédé dont ils s'étaient avantageusement servis contre les seigneurs, ce fut la création des *cas privilégiés*, analogues aux *cas royaux*. Il s'agissait des délits graves commis par les clercs, tels que crimes de lèse-majesté divine et humaine, incendies, vols sur les grands chemins (etc.). Le clergé demanda, comme l'avaient fait les seigneurs pour les *cas royaux*, une définition précise des *cas privilégiés* ; mais ils n'obtinrent jamais satisfaction. Toutefois, une ordonnance de février 1522 (Melun) décida que l'instruction des procès criminels, contre les clercs, dans les *cas privilégiés*, se ferait conjointement par le juge d'Église et par le juge royal.

En matière civile, une ordonnance de Charles V, en 1371, avait attribué toutes les causes *réelles* (1), concernant les clercs, aux tribunaux laïcs.

La compétence *ratione materiæ* subit, dès le XIIIe siècle, de sérieuses restrictions. Philippe-Auguste enleva à l'Église la connaissance des obligations contractées sous la foi du serment. Au XIVe siècle, les tribunaux ecclésiastiques cessent de connaître d'un très grand nombre de causes civiles, où les laïcs étaient seuls intéressés. Plus tard, on détacha de ces tribunaux les causes purement pécuniaires qu'ils avaient attirées à eux, comme accessoires de certaines affaires principales, ainsi les contrats de mariage, les séparations de biens. On leur enleva même les séparations de corps (2). Les questions de légitimation des enfants leur furent retirés au moyen de *l'appel comme d'abus.* Mais, c'est surtout l'ordonnance de Villers-Cotterets, en 1539, qui atteignit les tribunaux de l'Église. Elle ne conserva cette juridiction que pour les matières purement spirituelles et les sacrements (le mariage, sa validité, ses effets non pécuniaires, les vœux religieux, l'office divin) (etc.), ainsi que pour les matières concernant les clercs et encore, ces derniers n'étaient-ils justiciables de l'Église que s'ils n'étaient pas mariés et ne s'adonnaient pas au commerce.

Un édit de 1685 portant règlement pour la juridic-

---

(1) Les conflits concernant les tenures de terres censives, les emphytéoses, baux à rente (etc.).

(2) Sous prétexte que cette séparation emporte toujours celle des biens.

tion ecclésiastique reproduisit, sur ce point, les dispositions de l'ordonnance de Villers-Cotterets.

§ 3. — Lutte contre les juridictions municipales.

Les *justices municipales*, moins solidement constituées que les justices seigneuriales et ecclésiastiques, devaient plus que ces dernières subir l'action dissolvante du pouvoir royal. L'appel devant le bailli du roi, des décisions rendues par les officiers municipaux, fut toujours possible. Au XVIe siècle, les ordonnances d'Orléans et de Moulins enlevèrent à ces magistrats la majeure partie des causes dont ils connaissaient jusqu'alors. L'ordonnance d'Orléans décida que, dans toutes les villes où se trouverait un bailli ou son lieutenant, les officiers municipaux cesseraient d'exercer les fonctions judiciaires. L'ordonnance de Moulins enleva aux villes la juridiction civile et leur laissa seulement la connaissance des causes criminelles et de police, là où elles l'avaient déjà (1). En matière de police, les maires, échevins, jurats, syndics, capitouls, consuls (etc.) purent prononcer des amendes jusqu'à concurrence de soixante sols sans appel (2).

---

(1) En Flandre les baillis et échevins continuèrent, par exception, à juger en première instance les affaires civiles.

(2) A Bordeaux les *jurats* et à Toulouse les *capitouls*, fonctionnaires électifs, conservèrent le droit de juger au grand criminel, sauf l'appel au Parlement.

SECTION II

THÉORIE DE LA JUSTICE RETENUE,

Comme nous l'avons vu plus haut, la *prévention* était basée sur la théorie que toute justice émane du roi, que les juridictions seigneuriales, ecclésiastiques et municipales sont simplement déléguées. Cette théorie permettait au pouvoir royal de retirer la connaissance d'une affaire aux juges de droit commun, pour la porter devant des tribunaux d'exception ; elle lui permettait aussi d'arrêter le cours de la justice au moyen de *lettres* patentes *de justice ou de grâce*.

Le roi enlevait les procès aux juges ordinaires :

1° *Par les* **évocations en son conseil**. — Nous avons vu que les évocations étaient portées originairement devant le *Conseil privé ou des parties* et plus tard devant le *Grand Conseil*. Elles étaient accordées aux plaideurs intrigants qui espéraient, par des protections puissantes, obtenir gain de cause devant le *Conseil du roi*. Les États généraux protestèrent contre les évocations. Les ordonnances d'Orléans, de Moulins et de Blois s'efforcèrent de les restreindre, mais sans grand succès. Un édit de 1597 obtint des résultats un peu plus heureux. Néanmoins les évocations subsistèrent jusqu'à la Révolution.

2° *Par le privilège du* **committimus**. Pour jouir de cet avantage il fallait obtenir du roi des lettres commençant par le mot *committimus* (nous commettons). L'affaire était portée devant la chambre des requêtes du Parlement. La valeur en cause devait excéder deux cents livres ou être indéterminée.

3° *Par les* **pourvois en cassation** devant le *Conseil privé* ou *des parties.*

4° Au moyen des **jugements par commissaires** nommés exprès avec compétence entière et en dernier ressort. Les rois recouraient à ces commissions extraordinaires lorsqu'ils désiraient satisfaire leur vengeance et qu'il s'agissait de grands personnages. Exemples : le procès de Jacques Cœur, argentier du roi, en 1453, et celui de Fouquet en 1661.

5° Par la création de **juridictions exceptionnelles.** Citons : les *Requêtes de l'hôtel,* tribunal pour les officiers de la maison du roi ; *la juridiction prévôtale,* composée du Prévôt de la maréchaussée et de sept conseillers du présidial le plus voisin, pour juger et au besoin condamner à mort et faire exécuter sur le champ les vagabonds, mendiants, voleurs de grands chemins, ainsi que les gens de guerre ayant commis des délits en marche ; la *Table de marbre,* juridiction supérieure en matière d'eaux et forêts (1) (etc.).

Les rois réglaient ou interrompaient la justice par les *lettres de justice* en matière civile et *les lettres de grâce* en matière pénale.

Lettres de justice. — Les *lettres de justice* étaient une faveur accordée aux personnes qui, dans une affaire civile voulaient jouir d'un avantage en dehors

(1) Ainsi nommée d'une table de marbre placée, jusqu'en 1618, dans la grande salle du Palais, à Paris, et autour de laquelle les juges se réunissaient.

du droit commun. Ainsi, le débiteur malheureux poursuivi par ses créanciers pouvait obtenir des lettres de *répit*, c'est-à-dire un délai de grâce. Cette faveur se justifiait par un texte de droit romain (1) qui permettait au souverain d'accorder au débiteur un délai de cinq ans. De même, le roi délivrait des lettres de justice aux héritiers ou légataires, régis par le droit coutumier, qui désiraient, conformément à la législation romaine, accepter une succession sous bénéfice d'inventaire ; de même encore, ces lettres étaient délivrées lorsqu'on voulait faire rescinder un contrat pour cause de dol ou de violence.

Les lettres de justice, dans les différents cas que nous venons d'indiquer cessèrent d'être une faveur individuelle et devinrent un droit. Elles auraient dû, alors, disparaître ; mais comme leur délivrance donnait lieu à la perception d'une taxe, elles furent maintenues. Les pays de droit romain n'eurent jamais besoin de lettres de justice.

Lettres de grâce. — En matière pénale, le roi était libre, soit de commuer la peine, soit de dispenser de son exécution. Il pouvait exercer la grâce ou l'amnistie. La grâce, c'est-à-dire la dispense totale ou partielle du châtiment ; l'amnistie, c'est-à-dire l'oubli de la condamnation elle-même (2). L'expression *lettres*

---

(1) Code Justin. Liv. VII, tit. LXXI, 1. 8.
(2) M. Esmein fait observer que les Parlements profitaient de cette formalité pour examiner si le crime gracié était identique au crime commis. Si cette identité n'était pas complète, ils annulaient les lettres, en disant que la bonne foi du roi avait été surprise.

de grâce s'employait dans une acception générique. Ces lettres étaient des *lettres de rémission* accordées avant le jugement, dans le cas d'homicide par imprudence ou pour cause de légitime défense ; des *lettres de pardon* ou d'*abolition* rendues avant ou après le jugement, pour empêcher l'exécution de la peine encourue ; des *lettres de commutation de peine*, de *rappel des galères* (etc.). Les *lettres de grâce*, pour produire leur effet, devaient être entérinées c'est-à-dire ratifiées par les Parlements (1).

SECTION III

VÉNALITÉ ET HÉRÉDITÉ DES OFFICES.

La vénalité des offices s'est manifestée de deux manières différentes : 1° *le roi créait des charges* qu'il concédait moyennant finances ; 2° on accordait aux titulaires d'offices la faculté de les céder, de les *résigner* à prix d'argent, au profit d'un successeur gradué présenté par eux à l'agrément du roi. Ce second mode de procéder était emprunté aux pratiques ecclésiastiques. Les possesseurs de bénéfices avaient, en effet, la faculté de s'en démettre en faveur d'un candidat capable qu'ils

(1) Dans notre droit actuel, la grâce soustrait le condamné à l'exécution matérielle de la peine, mais n'efface pas la condamnation. L'individu gracié continue donc de subir la déchéance qu'il a encourue de ses droits civils et politiques. Au contraire, l'amnistie ne laisse plus rien subsister de la condamnation. L'amnistie est une mesure collective, la grâce une mesure individuelle. L'amnistie ne peut résulter que d'une loi ; le droit de grâce appartient au Chef de l'État.

7

présentaient à l'autorité ecclésiastique ; mais cette résignation *in favorem* était gratuite, pour éviter la *simonie*.

La vénalité, sous chacune de ses deux formes, fut admise, comme mesure fiscale, afin de procurer des ressources à la royauté. La résignation des offices profitait au roi, en ce sens qu'il devait recevoir une quote-part du prix payé au titulaire sortant par le candidat présenté.

La vente des offices ne fut pas trop mal accueillie. Elle était conforme à l'idée très répandue au moyen âge que les fonctions sont plutôt une propriété qu'une délégation de la puissance publique.

C'est sous le règne de Louis XI que les offices commencèrent à devenir vénaux. La vénalité ne s'opéra pas, d'abord, directement et dans l'intérêt du Trésor, mais par les courtisans et à leur profit. Commines prétend, en effet, qu'ils se faisaient payer le prix des fonctions qu'ils obtenaient en faveur de certaines personnes.

Sous Louis XII, la *vente des charges par le roi lui-même* fut admise pour subvenir aux dépenses des guerres d'Italie et afin d'éviter une augmentation des impôts pesant sur le peuple. Toutefois, on ne vendit alors que les offices de finances et non les offices de judicature.

La vénalité commença à s'appliquer aux charges de justice, à partir de François 1er. Ce roi, voulant combler les vides laissés dans le trésor par son prédécesseur, créa, en 1522, le *Bureau des parties casuelles*, destiné, suivant l'expression pittoresque de Loyseau, à servir de boutique à cette nouvelle marchandise. On essaya, cependant, par un reste de pudeur, de sauver les apparences. Les candidats devaient payer un droit nommé *finance* ; mais on déclara que cette somme versée, pour obtenir l'investiture, constituait un simple prêt fait à la royauté qui devait le rembourser plus tard, quand elle le pourrait.

La *résignation des charges* à prix d'argent, ou gratuitement, en faveur d'un candidat gradué de l'Université, présenté à l'agrément du roi existait dès avant François 1er. Il était, alors, permis de résigner avec une restriction, qu'on a appelée la *règle des quarante jours*. Le cédant devait survivre au moins 40 jours à la résignation. On voulait, en établissant cette règle, éviter que le titulaire d'une fonction la transmît en vue d'une mort imminente, comme un bien compris dans son patrimoine (1).

Qu'arrivait-il, si le résignant mourait dans les quarante jours ? La résignation était nulle ; et, même si la démission avait été donnée en faveur du fils, il n'y avait pas d'exception à son égard ; il était traité comme un étranger (2).

François 1er décida qu'en pareil cas, l'office tomberait dans les *parties casuelles*, c'est-à-dire, resterait à la disposition du roi qui aurait la faculté de le concé-

---

(1) Voir, en ce qui concerne la résignation des bénéfices ecclésiastiques, la décision du pape Jules II et l'*Édit des petites dates* publié par Henri II en 1550.

(2) Larnaude, à son cours.

der, sous la condition du prêt déguisé mentionné plus haut.

Le Parlement vit, d'un œil défavorable, l'introduction de la vénalité dans les offices de judicature. Il essaya de s'y opposer, en exigeant, d'après les anciennes ordonnances, que le candidat nommé par le roi jurât qu'il n'avait acheté son office, ni directement ni indirectement. Toutefois, il exclut des termes du serment les prêts consentis à la royauté.

Peu à peu, la vente des offices, après l'interdiction de quelques années dont nous allons parler, prit un tel développement, qu'à partir de 1597, le Parlement ne crut pas devoir imposer, plus longtemps, aux nouveaux magistrats, un parjure au début de leur carrière (1).

La vénalité, sous ses deux formes, fut abolie par les ordonnances d'Orléans, en 1560 et de Moulins, en 1566. Cependant, cette dernière laissait la porte ouverte aux abus qu'on essayait de réprimer, en autorisant les résignations « *au cas qu'il pleust au roi les admettre* ».

Les effets de cette disposition ne tardèrent pas à se faire sentir. En 1568, Charles IX, par un édit, permit aux officiers de résigner leur charges, moyennant le prélèvement, au profit du roi, d'une partie du prix qu'on appela *tiers dernier*.

Survivance. — Les offices étaient vénaux mais n'étaient pas héréditaires, à l'exception, toutefois, de

---

(1) Esmein, à son cours.

ceux de notaires et de greffiers. On commença par admettre la *survivance* c'est-à-dire le droit pour les héritiers de céder un office après le décès de son titulaire. Ce droit supposait naturellement l'abolition de la règle des quarante jours.

Hérédité. — Le principe de l'hérédité n'apparaît que sous le règne d'Henri IV. Le 12 décembre 1604, un arrêt du Conseil du roi établit *la Paulette*, impôt qui tire son nom de Charles Paulet, secrétaire général de la chambre du roi, le promoteur de cette contribution nouvelle et son premier fermier. Moyennant le paiement au trésor d'un droit annuel montant au 60e du prix de la charge, les officiers de justice et de finance jouissaient de deux avantages. S'ils résignaient de leur vivant, le droit à verser au roi était moins élevé; en second lieu, ils avaient la faculté de transmettre leur office à leurs héritiers qui devaient, eux aussi, continuer de payer la Paulette qualifiée également d'*annuel* (1).

(1) Le jurisconsulte Loyseau s'exprime ainsi sur *la Paulette* : « Au commencement du mois de janvier dernier, 1608, pendant les gelées, je m'advisai estant à Paris d'aller un soir chez le partisan (fermier) du droit annuel des offices pour conférer avec lui des questions de ce chapitre. Il estait lors trop empesché. J'avais mal choisi le temps. Je trouvay là dedans une grande troupe d'officiers se pressant et poussant, à qui le premier luy baillerait son argent; aucuns d'eux estaient encore bottés venans de dehors qui ne s'étaient donnés loisir de se débotter. Je remarquai qu'à mesure qu'ils estaient expédiez, ils s'en allaient tout droict chez un notaire assez proche passer leur procuration pour résigner, et me semblait qu'ils feignaient de marcher sur la glace, crainte de faire un faux pas, tant ils avaient peur de

Cet impôt fut suspendu à diverses époques, mais les suspensions ne furent qu'éphémères et individuelles. L'hérédité des offices subsista jusqu'à la Révolution.

Par la résignation *in favorem* et la transmission héréditaire, les offices constituaient donc un véritable patrimoine. Cependant, on exigea quelques garanties de capacité. Les lettres de chancellerie, sans lesquelles le fonctionnaire ne pouvait pas être installé, n'étaient délivrées qu'aux candidats pourvus du diplôme de licencié et de docteur et qui avaient, en outre, passé un examen spécial devant le Parlement. L'examen était peu sérieux. Le postulant devait expliquer une loi du *Digeste* ou du *Code*; mais on lui indiquait à l'avance la matière sur laquelle il devait être interrogé.

La patrimonialité des charges a soulevé de vives critiques; elle a néanmoins de bons côtés. Sully et Richelieu en étaient partisans. D'après eux les offices ne devaient pas être livrés à des gens pauvres qui auraient pu s'en servir pour battre monnaie. Ce système supprima absolument la faveur et donna aux gens du tiers état le moyen d'arriver à des fonctions importantes et d'y faire arriver leurs enfants (1). Enfin, il constitua les familles de robe, les vieilles familles de magistrats (2).

mourir en chemin. Puis quand la nuict fut close, le partisan ayant fermé son registre, j'entendis un grand murmure de ceux qui restaient à despescher, faisans instance qu'on receust leur argent, ne sçachons, disaient-ils, s'ils ne mourraient point cette même nuict ». *Des offices*, liv., II, chap. X.

(1) M. Larnaude à son cours.

(2) Montesquieu la défend également « parce qu'elle fait faire

Le traitement des magistrats comprenait deux parties, l'une fixe consistant en gages très modiques donnés par le roi, l'autre flottante était composée des épices ou cadeaux fournis par les plaideurs. Ces cadeaux étaient, primitivement, des épices proprement dites ; plus tard ce furent des dragées, des confitures, du gibier (etc.) ; enfin, au XVᵉ siècle, on donna de l'argent. Placé dans une caisse commune, il était distribué aux magistrats proportionnellement au nombre des affaires que chacun avait jugées.

comme un métier de famille ce que l'on ne voudrait pas entreprendre pour la vertu ; qu'elle destine chacun à son devoir et rend les ordres de l'État plus permanents. »

CHAPITRE VII

DES IMPOTS AU MOYEN AGE.

A l'époque féodale, le droit de lever l'impôt, *consi-déré comme attribut du droit de justice*, appartenait à tout seigneur justicier. Par conséquent, le roi ne pouvait imposer que les populations résidant sur les terres de ses domaines et encore, les impôts (taille, aides, corvées), pesaient-ils seulement sur les serfs et censitaires. Car aucune taxe ne pouvait frapper le clergé, le corps féodal et les villes émancipées.

Les revenus du roi consistaient, comme ceux des autres seigneurs, dans le produit des terres et forêts, la taille, le cens, les droits de lods et ventes, de relief, de quint et requint, de franc-fief, d'amortissement, de succession aux aubains et aux bâtards, le droit de recueillir les biens vacants, les épaves, les trésors, de percevoir les profits de justice (etc.). Le roi avait en outre la *régale* et touchait des droits d'anoblissement.

Les taxes, que les seigneurs faisaient peser sur les classes inférieures, étaient déterminées assez arbitrairement. Quant à leurs vassaux immédiats, ils ne pouvaient, en principe, exiger d'eux que les aides fixées par la coutume. Si un suzerain avait besoin de ressources extraordinaires, il devait réunir ses vassaux et obtenir leur consentement à la perception des taxes. De même, s'il voulait atteindre ses arrière-vassaux, il lui fallait le consentement de ses vassaux immédiats. Les rois n'échappèrent pas à cette obligation. Ils finirent cependant par faire reconnaître leur droit à réclamer l'aide directement de leurs arrière-vassaux.

Quant aux impôts qui devaient peser sur les roturiers, le roi ne pouvait les lever que sur les terres où il exerçait les droits de justice. En dehors de ces terres, il lui fallait le consentement des seigneurs justiciers ou des communes affranchies. Il devait donc assembler les seigneurs et les représentants des villes, dans les États généraux ou provinciaux (1). Les impôts ainsi levés étaient temporaires.

Le premier exemple de contribution générale exigée par le roi fut l'impôt de la *maltote* créé, en 1294, par Philipppe-le-Bel. Cette taxe, d'un denier par livre sur la vente des marchandises, souleva un mécontentement général. En 1295, on la remplaça par un impôt du centième de la valeur des biens. Ces contributions n'étaient que temporaires. Dans le cours du XIVᵉ siècle, des contributions importantes furent levées sous le nom d'*aides* avec l'assentiment des États généraux. C'est ainsi que, sous le règne de Philippe-le-Bel, en 1314, les États autorisèrent la perception d'un impôt sur les trois classes, pour subvenir aux dépenses de la guerre de Flandre. Le 5 décembre 1360, une ordonnance du roi Jean annonça la levée d'un nouvel impôt sur toute marchandise vendue ou exportée. Il

(1) Telle est l'origine des assemblées de fiefs qu'on appela plus tard États provinciaux.

était destiné à payer la rançon du roi. On le perçut pendant vingt ans, sans protestation de la part des États généraux. Peu à peu, on s'acheminait vers la permanence des contributions royales. Charles V perçut deux impôts permanents sans le vote des États : la gabelle et un impôt sur la vente des marchandises, mais il les abolit à sa mort.

En 1439, sous le règne de Charles VII, après la création des armées permanentes, les États votèrent un impôt, la *taille*, pour l'entretien des troupes. Le roi se tint, alors, le raisonnement suivant : L'armée étant permanente, la *taille* doit l'être aussi. Par conséquent, le vote des États généraux est désormais inutile (1).

La *taille* rendit de grands services aux rois. Quand ils avaient besoin d'argent, et au fur et à mesure que l'armée se développait, ils ajoutaient un supplément à la taille, sous le nom de crue (2).

Après la fin de la guerre contre les Anglais les autres impôts devinrent définitifs, du consentement même des États.

Examinons, maintenant, les principales impositions de l'ancienne monarchie.

Les impôts étaient directs ou indirects. Les premiers comprenaient, originairement, la *taille* et les *corvées* royales et plus tard, à partie de Louis XVI, la *capitation* et les *vingtièmes*. Les seconds étaient les *aides*, les *gabelles*, et les *traites*.

---

(1) Larnaude, à son cours.
(2) Un supplément de taille, créé par Henri II, reçut le nom de *taillon*.

SECTION PREMIÈRE

IMPÔTS DIRECTS.

1° **Taille** (1). — Nous venons de voir que la taille devint permanente sous Charles VII. Dans un grand nombre de pays elle était *personnelle* et s'élevait à un sou par livre des facultés présumées des contribuables, dans les autres elle avait le caractère d'*impôt foncier*, elle était *réelle*. Là où elle était *personnelle*, elle atteignait les roturiers seuls. En dehors des nobles et des ecclésiastiques, quelques personnes ou catégories de personnes en étaient exemptes : les titulaires de certains offices vénaux, les bourgeois de Paris, les roturiers pères de dix enfants nés en légitime mariage, vivants ou décédés en portant les armes pour le service du roi (édit de Louis XIV, de 1666).

C'était un impôt de répartition. La répartition en était faite annuellement par le roi, en son Conseil. Le *brevet général* qui fixait la taille était envoyé à chaque *généralité*. Les *Trésoriers de France* faisaient, ensuite, la répartition, ou, comme on disait, le département des tailles entre les élections ; puis les élus la divisaient entre les paroisses, d'après le nombre des feux que chacune présentait ; enfin, dans chaque paroisse, la part des contribuables était fixée par des *collecteurs* ou *as-*

(1) Impôt ainsi nommé parce qu'à l'origine on marquait ce que le contribuable avait payé à compte sur l'impôt, au moyen d'une entaille sur deux morceaux de bois s'ajoutant l'un à l'autre et que se partageaient le collecteur et l'imposé.

seieurs que nommaient les habitants. Comme les décurions du Bas-Empire, les collecteurs étaient responsables de la rentrée du contingent, ce qui les poussait à taxer outre mesure les contribuables les plus solvables et à user d'une rigueur extrême envers les habitants pauvres des campagnes. En outre, ils ménageaient les personnages les plus influents.

Ce mode de perception conduisait donc, dans la pratique, aux abus les plus criants.

Après la création des *Intendants*, ceux-ci furent parfois chargés du département de la taille. Il en résulta de nombreux conflits avec les *Trésoriers* qui considéraient les attributions financières des *Intendants* comme un empiètement. Ces officiers, pourtant, rendirent des services. Ils donnèrent un caractère plus équitable à la répartition au moyen des *cotes d'office* contre les personnes ménagées et en faisant redresser par des commissaires les rôles mal établis.

Les difficultés auxquelles donnait lieu la répartition ou la perception de la taille étaient jugées en premier ressort par les *élus* et en dernier ressort par la *Chambre des aides*.

Dans les pays où la taille était *réelle*, elle présentait le caractère d'un impôt foncier. On ne connaissait que la qualité du fonds et non celle du propriétaire. Il en résultait que tous les fonds roturiers : censives, champarts ou autres étaient soumis à la taille réelle, même quand ils étaient possédés par des nobles.

La taille n'existait pas, à l'origine, dans les *pays d'État*, car ceux-ci avaient conservé le droit de consentir leurs impôts. Assez vite, pourtant, la royauté les obligea à voter une contribution dont le montant était à peu près égal à celui qu'aurait produit la taille. Cette taxe était fixe. La répartition en était faite par les délégués des États provinciaux et non par les agents du roi.

2° **Corvées.** — Les corvées imposées, à l'origine, par les seigneurs aux roturiers et aux serfs avaient pour objet l'exécution d'un certain nombre de journées de travail. Sous Louis XIV, la corvée se transforma et fut exigée au profit du roi, notamment pour l'entretien des chemins. Au XVIIIe siècle, la corvée était requise des habitants des campagnes, non seulement pour les travaux publics, mais aussi pour le transport des forçats dans les bagnes et des mendiants dans les dépôts de charité. Quelquefois, des indemnités étaient allouées aux paysans, mais cette allocation représentait seulement le cinquième de la charge supportée (1).

3° **Capitation.** — En 1695, pour faire face aux dépenses de la guerre de la ligue d'Augsbourg, Louis XIV créa la capitation qui devait être payée par tous les Français, sans distinction de privilégiés et de non privilégiés. Les contribuables furent répartis en 22 classes. La première à la tête de laquelle était le Dauphin payait 2000 livres, la dernière vingt sous. Les pauvres étaient exempts, ainsi que les ordres mendiants. Le clergé se racheta au moyen d'un don gratuit et en 1710 s'affran-

(1) Ducrocq, La corvée des grands chemins et sa suppression. *Revue générale du droit* (1882), p. 1.

chit complètement en payant six fois la valeur du don.
Les pays d'États se rachetèrent également, en stipu-
lant le paiement d'une certaine somme pour toute la
province.

Cet impôt qui, en 1784, produisait 41.500.000 livres
fut aboli par la Constituante et remplacé par l'*impôt
personnel et mobilier*.

4° **Dixièmes et vingtièmes**. — L'impôt du
dixième fut établi en 1710, pendant la grande ligue de
la Haye, au moment des revers essuyés par Louis XIV.
Il consistait dans le paiement de la dîme, ou dixième
partie du revenu. Il atteignait les trois classes de la
nation. Plusieurs corps privilégiés : clergé, ordre de
Malte (etc.) parvinrent à s'y soustraire en payant une
somme importante. Il y eut aussi des provinces et des
villes qui se rachetèrent.

Cette contribution fut remplacée par l'impôt du vingtième. Calculé, d'abord en tenant compte du revenu
territorial, puis de l'ensemble du revenu, il devait cesser après la paix ; mais il subsista pour payer les dettes
de la guerre. Comme il ne suffisait pas, on établit un
second vingtième, puis un troisième. De temps en temps
on supprimait un vingtième, mais c'était pour le rétablir bientôt après. Le troisième vingtième disparut en
1786.

Le mérite des dixièmes et des vingtièmes fut d'atteindre les classes qui ne payaient pas la taille. Ce fut
même leur raison d'être ; sinon, il eut suffit de grossir
la taille en y ajoutant des crues.

SECTION II

IMPÔTS INDIRECTS.

1° **Aides**. — Les aides comme nous l'avons vu étaient d'origine féodale. Dans le principe elles ont désigné ces subsides extraordinaires dont nous avons parlé précédemment. Plus tard, l'expression fut employée pour qualifier tous les impôts indirects de consommation perçus sur les boissons, les bestiaux, le poisson, le suif et les chandelles. La détermination et la quotité de l'impôt variaient suivant les provinces et les villes. Certains pays étaient exempts, d'autres rachetés par des abonnements. Le vin resta la principale marchandise taxée et donna lieu à deux *droits*, l'un *de gros*, l'autre *de détail*. Ce dernier était payé par tous les débitants qui vendaient le vin au détail. Le droit de gros était perçu même sur les propriétaires qui consommaient le produit de leurs récoltes. Mais ce droit n'atteignait que les roturiers. Les nobles et les ecclésiastiques payaient seulement le droit de détail lorsqu'ils se faisaient marchands.

L'impôt était baillé à ferme. En 1604 il fut l'objet d'une ferme générale qui prit le nom de *ferme des aides et autres droits réunis*.

Dans les *pays d'élection* les difficultés relatives à la perception des aides étaient tranchées en premier ressort par les *élus* et en dernier ressort par la *Cour des aides*. Quant aux pays d'États, ils ne devaient pas plus les aides que la taille.

2° **Traites ou douanes.** — Les *traites* ou *traites foraines* (de *trahere foras*) eurent surtout, à l'origine, un but fiscal. Elles consistèrent, d'abord, dans une imposition perçue sur l'exportation des marchandises et principalement des blés, puis ce fut l'importation elle-même qui fut taxée. Peu à peu on envisagea l'intérêt économique et national de cet impôt. On s'en servit alors pour protéger l'industrie française (1).

Les *traites* existaient non-seulement à la frontière, mais encore entre les différentes provinces. C'est un résultat de la formation lente et par fragments du royaume. Les droits en vigueur au moment de l'annexion à la couronne (2) furent maintenus.

A diverses reprises, les États généraux sollicitèrent la suppression de ces lignes de douanes qui étaient un obstacle insurmontable au développement du commerce. Au XVIIᵉ siècle, Colbert réalisa un sérieux progrès en abolissant les lignes de douanes entre douze provinces situées à peu près autour de l'Ile-de-France et que l'on appelait *les cinq grosses fermes*, parce que les traites y étaient autrefois affermées en cinq baux distincts. Les autres provinces furent considérées comme étrangères et conservèrent leurs douanes intérieures. C'étaient les provinces les plus éloignées de Paris : la Bretagne, la Provence, le Languedoc, le Dauphiné, (etc.).

(1) Colbert, à qui on doit le développement du système protectionniste, disait qu'il ne devait servir à l'industrie que de *béquilles.*

(2) Esmein à son cours.

Quelques provinces (Lorraine et Alsace) étaient assimilées aux pays étrangers. Commerçant librement avec l'extérieur, elles payaient des droits quand elles expédiaient des marchandises du côté de la France, Marseille, Dunkerque et Bayonne jouissaient, comme ports francs, de l'exemption des droits de traites.

Les traites étaient données à ferme. La connaissance des difficultés qu'elles soulevaient appartenait en première instance, à des maîtres de ports dans les villes maritimes, aux bureaux des traites dans les autres pays en dernier ressort, à la *Cour des aides*.

3° **Gabelle** (1). — Après avoir désigné diverses sortes d'impôt, le mot *gabelle* fut spécialement employé pour qualifier l'impôt sur le sel. Dans ce sens, la *gabelle* existait déjà en 1342, sous Philippe de Valois. L'État avait le monopole de la vente du sel. Il existait des greniers où l'on transportait tout le sel de la province et qui servaient de magasins de vente.

L'impôt de la gabelle présentait des inégalités très marquées. Dans les pays de *grande gabelle* qui comprenaient les généralités de Paris, Orléans, Tours, Moulins (etc.), on devait consommer tous les ans une quantité de sel déterminée. Dans certaines régions, on opérait même une répartition par paroisse d'abord et par famille, ensuite, afin d'empêcher la fraude. Dans le Lyonnais, le Mâconnais, la Provence (etc.), pays de *petite gabelle*, les habitants étaient libres de ne con-

(1) Cette expression viendrait de *gab*, don, ou de *gabelé*, nom que les ouvriers donnent au sel, lorsqu'il est essuyé.

sommer que la quantité de sel qu'ils jugeaient nécessaire, à condition, bien entendu, de se servir aux
greniers du roi. Quelques provinces étaient *rédimées*,
moyennant le paiement d'une somme une fois versée.
C'étaient le Poitou, la Saintonge, la Guyenne (etc.). D'autres, la Bretagne, le Hainaut, la Flandre qui avaient
conservé, lors de l'annexion à la couronne, leurs anciens privilèges, étaient *exemptes*. Elles ne payaient le
sel qu'à sa valeur réelle ; on les appelait, pour cette
raison, pays de *franc-salé*. Certains fonctionnaires et
des établissements hospitaliers jouissaient du même
privilège et étaient déclarés *franc-salés*. Cet impôt,
qui atteignait les trois classes de la société, pesait
lourdement sur les petits. Il était très vexatoire, donnait lieu à une guerre perpétuelle contre les préposés
fraudeurs, occasionnait tous les ans plus de 4000 visi-
tes domiciliaires, plus de 300 à 400 emprisonnements
et un grand nombre de condamnations à des peines
capitales ou autres peines afflictives. Peu avant la Révolution, il produisait 54 millions par an (1).

Les autres impôts indirects étaient : le **Droit d'a-
mortissement** perçu sur personnes de main-morte :
titulaires de bénéfices ecclésiastiques, communautés
régulières, hôpitaux, communautés séculières (prévôts
des marchands, maires, échevins, représentant les villes (etc.), lorsqu'on leur permettait d'acquérir. La

---

(1) Dans les pays de *grande gabelle,* le sel ne pouvait être employé qu'au ménage et aux besoins de la cuisine. Il n'était pas
permis de faire la plus petite salaison, à moins d'acheter du sel
spécialement pour cet usage. L'interdiction était très pénible
pour les habitants des campagnes (Esmein à son cours).

finance à laquelle elles étaient assujetties tenait lieu de dédommagement pour la perte que subissait l'État par suite du retrait des biens de la circulation commerciale.

Les droits d'insinuation, de contrôle, de centième denier. — *L'insinuation* remonte à un édit de François Ier du 1er août 1539. Cet impôt consistait dans l'obligation d'inscrire les actes au greffe des prévôtés ou bailliages. L'insinuation était indispensable à la validité des donations et substitutions. Elle a été remplacée de nos jours par la *transcription*. Au droit de *contrôle* créé par Henri III en 1581, correspond aujourd'hui *l'enregistrement*. Le droit de *contrôle* était perçu à l'occasion de l'inscription sommaire des actes de judicature et de finance sur des registres spéciaux. Les actes notariés y étaient soumis, comme les autres. L'édit avait même pour but principal de faire cesser les fraudes commises par les notaires et tabellions dans les actes qu'ils passaient et recevaient. Le droit de *centième denier* frappait les transmissions entre-vifs et par décès. Il a été établi par des édits de 1703 et de 1704. Cet impôt est l'origine de nos *droits de mutation*.

SECTION III

LES DÉCIMES ET LES DONS CARITATIFS OU GRATUITS.
(IMPÔTS PAYÉS PAR LE CLERGÉ.)

A l'origine l'Église ne payait pas d'impôts. Philippe-Auguste est le premier roi qui ait levé une contribution sur le clergé. Cette taxe prit le nom de *décimes*. Jusqu'au XVIe siècle les *décimes* eurent le caractère de subsides exceptionnels et temporaires. Sous François Ier elles furent perçues avec l'autorisation du pape pour subvenir aux frais d'une guerre qui devait avoir lieu contre les Turcs et qui en réalité ne fut jamais entreprise. Ce qui semble indiquer que sous le règne de Henri II cet impôt est perçu régulièrement, c'est la création de *receveurs royaux des décimes ecclésiastiques*, agents installés à poste fixe (1). Pendant les guerres de religion, le clergé intéressé au premier chef dans le résultat de ces luttes sanglantes s'obligea en 1561 au colloque de Poissy, à libérer la royauté des sommes qu'elle avait empruntées à la Ville de Paris et pour le paiement desquelles elle avait engagé ses aides et gabelles et les revenus de ses domaines. A cet effet, le clergé offrit de payer un don annuel de 1.600.000 livres pendant neuf ans. Les événements le contraignaient, du reste, un peu à cette décision. Les Etats tenus à Orléans en 1560 et à Pontoise en 1561 avaient, en effet, proposé de payer les dettes de l'État en aliénant les biens de l'Église estimés 120 millions. On aurait dédommagé les membres du clergé par des pensions. C'est pour parer ce coup que l'Église fit preuve d'une telle générosité. L'obligation fut renouvelée plusieurs fois, mais à titre de compensation on supprima l'impôt des décimes.

La discussion et le vote des impôts payés par l'Église avaient lieu dans des *assemblées du clergé*. La perception se fit par des *receveurs* appartenant à l'É-

(1) Esmein à son cours.

glise, quand sous le régime de Henri IV, les *receveurs royaux des décimes* disparurent. Les litiges étaient tranchés par des *chambres ecclésiastiques* qui siégeaient dans huit grandes villes. Comme on le voit, le clergé jouissait d'une liberté relative en ce qui concerne ses contributions.

A plusieurs reprises les rois obtinrent des assemblées du clergé des subventions extraordinaires appelées *dons caritatifs* et qualifiées aussi de *dons gratuits* pour prouver qu'il s'agissait d'un cadeau consenti gracieusement mais exceptionnellement par le clergé. Ces subsides furent accordés à la royauté notamment à l'occasion du sacre et du mariage de Louis XIV.

SECTION IV

PERCEPTION DES CONTRIBUTIONS ET ORGANISATION FINANCIÈRE.

Les contributions directes étaient perçues dans des circonscriptions fixes par des agents royaux salariés. La plus petite circonscription était la *paroisse*. Dans chaque paroisse, les habitants nommaient des délégués appelés *asséieurs* avec mission d'établir la répartition entre chaque particulier et de percevoir le montant de l'impôt. Les *asséieurs* étaient responsables de la rentrée des contributions sur leur fortune personnelle. Cette organisation était défectueuse, car la répartition devait nécessairement être faite d'une façon assez arbitraire. Nous avons dit plus haut, en parlant de la taille, que les *asséieurs* ménageaient les personnes dont ils voulaient se concilier les bonnes grâces, mais en revanche, se montraient impitoyables envers les petits.

Au-dessus de la paroisse était l'*élection* ayant à sa tête : 1° un *Receveur particulier* qui centralisait les sommes recueillies par les asséieurs ; 2° un *Bureau d'élection* composé *d'élus* chargés de répartir l'impôt et de trancher, en premier ressort (1), les contestations auxquelles donnait lieu le retard ou la fraude des contribuables (2). -

Au-dessus de l'élection était la *généralité* dont l'administration comprenait : 1° un *Receveur général* qui centralisait les impôts perçus par les Receveurs particuliers ; 2° un *Bureau de finances*, dont le rôle correspondait à celui du bureau d'élection. Les officiers qui composaient le Bureau de finances étaient chargés les uns du contentieux de la répartition des impôts et de l'ordonnancement des dépenses ; les autres du recouvrement et de la comptabilité ; les derniers, enfin, du contrôle ; ils correspondaient à nos inspecteurs des finances (3).

Les généralités ont été créées par François Ier en 1523. Elles ne correspondaient pas aux provinces. Quelquefois, elles embrassaient plusieurs provinces ; d'autres fois, une seule province renfermait deux ou trois généralités. C'est ainsi que la Normandie formait les généralités de Rouen, Caen et Alençon.

---

(1) Ils jugeaient toutefois en dernier ressort jusqu'à 30 livres.

(2) La qualification d'élus devint promptement inexacte. Leur charge fut un office royal acheté à prix d'argent.

(3) Gautier, page 441.

Au sommet de la hiérarchie se trouvait le Trésor central appelé EPARGNE. — Il était administré par un *Trésorier de l'Épargne* assisté de deux *Contrôleurs généraux*. Ce Trésor centralisait, à la fois, les produits des impôts et ceux des domaines. Cette institution a été créée par François Iᵉʳ en 1523, en même temps que les Généralités. Auparavant, les fonctions en étaient dévolues à la Chambre des comptes et à la Chambre du Trésor.

En dernier ressort, le contentieux, en matière d'impôts, appartenait à la *Cour des aides*. (1).

(1) Voir page 69.

CHAPITRE VIII

RAPPORTS DE L'ÉGLISE ET DU POUVOIR ROYAL.

Nous avons parlé précédemment du patrimoine de l'Église, de sa situation au point de vue des impôts, de son droit de juridiction. Il nous reste à étudier les rapports des papes avec les rois de France. Nous verrons successivement : la *Pragmatique sanction* de Bourges (1438), le *Concordat* de 1516, les *libertés de l'Église gallicane*, la *Déclaration du clergé*, de 1682.

Avant d'examiner ces différents points, quelques détails préliminaires ne seront pas inutiles. Pendant tout le cours du moyen âge, les papes se sont efforcés de conquérir la suprématie non-seulement dans les affaires spirituelles, mais encore dans les affaires temporelles des peuples. Les rois directement atteints dans leur autorité ont toujours lutté avec énergie contre ces tendances de la cour de Rome. D'un autre côté, la condition du clergé placé à la fois sous la dépendance du roi et sous la dépendace du pape, devait être une source de conflits. Enfin, les revenus produits par les biens de l'Église étaient trop importants pour ne pas exciter les convoitises des deux pouvoirs rivaux.

St-Louis serait le premier roi de France qui, par un règlement exprès, aurait résisté aux empiètements de la papauté. Mais, la *Pragmatique sanction* attribuée à ce prince paraît aujourd'hui apocryphe. Il est certain toutefois que, sur bien des points elle est conforme aux idées du Saint roi ; notamment en ce qui concerne le respect des règles relatives à la collation des bénéfices ecclésiastiques et l'interdiction pour le pape de lever des impôts sur le clergé, sans l'approbation du roi de France.

Bénéfices ecclésiastiques. — Les *bénéfices* étaient la *dotation*, le *temporel* de *certaines fonctions ou dignités ecclésiastiques*. Dans un sens large, le mot *bénéfice* désigne *la fonction même et les biens qui en dépendent*. Pendant longtemps la collation des *bénéfices séculiers inférieurs* (les cures des diocèses) appartînt aux évêques, sous la réserve des *droits de patronage* dont jouissaient certains Seigneurs. Ces droits étaient généralement la conséquence de fondations pieuses. Ainsi, les personnages qui faisaient bâtir à leurs frais des églises, ceux qui abandonnaient une partie de leurs biens au clergé, imposaient souvent comme condition à leur libéralité, le droit à leur profit et au profit de leurs héritiers, de présenter le nouveau titulaire des cures qui deviendraient vacantes.

Les *bénéfices séculiers supérieurs* (évêchés et archevêchés) étaient conférés par voie d'élection. Primitivement l'élection se faisait par le clergé tout entier ; plus tard le corps électoral se réduisit au chapitre de l'église cathédrale.

Les *bénéfices réguliers inférieurs* étaient à la disposition des abbés ou supérieurs des abbayes et autres

8

monastères ; quant aux *bénéfices réguliers supérieurs*, il y était pourvu par l'élection. Tous les moines de l'abbaye, du couvent, monastère ou prieuré étaient électeurs.

Qu'il s'agit des bénéfices réguliers ou des bénéfices séculiers, le roi intervenait de deux manières : 1° par *l'investiture* des domaines temporels attachés aux dignités, 2° par la perception de la *régale*.

Régale. — La *régale* était un droit qui permettait à la royauté de percevoir les revenus des bénéfices pendant leur vacance et jusqu'à ce que les nouveaux pourvus eussent prêté le serment de fidélité. On justifiait la *régale* en disant que le roi protégeait les biens ecclésiastiques vacants contre les déprédations et qu'il était naturel de le rémunérer en lui accordant les produits de ces biens.

La papauté intervint dans la nomination des titulaires des bénéfices au moyen de la *prévention* et des *réserves et grâces expectatives*.

Prévention et réserves. — La *prévention* était le droit de désigner le titulaire du *bénéfice séculier inférieur* vacant, avant toute intervention du collateur ordinaire (l'évêque). Les *réserves* et *grâces expectatives* consistaient dans la faculté pour le pape de désigner d'avance le titulaire d'un bénéfice non encore vacant.

Annates. — Au point de vue fiscal, les usurpations de la papauté se manifestèrent par la perception des *annates*. On qualifiait de ce nom le droit que percevait la Cour de Rome quand elle expédiait au nouveau titulaire d'un bénéfice les bulles de confirmation. Cette taxe représentait le montant des revenus produits par le bénéfice pendant une année ou pendant six mois.

Ces tendances de la papauté à s'ingérer dans le temporel, à impiéter sur les droits plusieurs fois séculaires des évêques et à restreindre ce qu'on appelait déjà les *libertés de l'Église gallicane* indisposèrent contre elle les rois et le clergé. Saint Louis, bien qu'il ne soit pas, comme nous l'avons dit, l'auteur de la pragmatique qui porte son nom, fit preuve d'une grande fermeté à l'égard du pape. On connaît la querelle de Boniface VIII et de Philippe-le-Bel. Les suites de cette lutte furent désastreuses pour le pouvoir pontifical. Le roi de France obtint de son protégé Clément V (1) le transfert de la papauté à Avignon. Cet exil dura près de 70 ans et presque aussitôt après qu'il eut pris fin (2), le grand schisme d'Occident éclata avec la double élection d'Urbain VI qui siégea à Rome et de Robert de Genève qui alla, sous le nom de Clément VII, siéger à Avignon (1378). Alors les Églises nationales se partagèrent entre les deux papes. La France soutenait celui d'Avignon. Ce trouble religieux dura ainsi à l'état aigu jusqu'en 1414. A cette époque, le *concile de Constance* réuni pour mettre fin au schisme déposa Jean XXIII et

(1) Bertrand de Goth ancien archevêque de Bordeaux. Le séjour des papes à Avignon a été appelé *captivité de Babylone*.
(2) C'est Grégoire XI qui, en 1377, reporta le Saint-Siège à Rome.

Benoit XIII et nomma à leur place Martin V qui fut reconnu par toute la catholicité.

Pendant le grand schisme d'Occident, la discipline avait beaucoup souffert. Les papes pour se créer des partisans et se procurer des revenus, avaient prodigué les collations de bénéfices. Une importante réforme devenait nécessaire ; elle fut entreprise par le *concile de Bâle* en 1431. Malheureusement au bout de quelques années un conflit s'éleva entre le concile et le pape Eugène IV ; et un antipape, Félix V, fut élu.

C'est à cette époque que Charles VII réunit dans la Sainte-Chapelle de Bourges une assemblée du clergé (1438), et rédigea après débats contradictoires, sa *Pragmatique sanction*.

§ 1er. — Pragmatique sanction de Bourges.

C'est un édit qui reproduit une grande partie des décisions des *Conciles de Constance et de Bâle*. Elle est divisée en 23 titres et a pour but principal de mettre fin aux abus qui s'étaient peu à peu introduits dans l'Église. Elle proclame la supériorité des Conciles généraux sur le pape qui est lié par leurs canons, elle supprime les *réserves* et *grâces expectatives* ainsi que les *annates*, elle décide qu'il sera désormais pourvu aux dignités des Eglises cathédrales et monastisques par la voie de *l'élection*, le pape n'ayant qu'un droit de confirmation, elle interdit la prévention, l'appel, en cour de Rome, sous forme d'évocation *omisso medio* (etc.) (1).

(1) Le titre XVIII proscrit les spectacles dans les églises, no-

La *Pragmatique sanction* était dirigée contre l'autorité du Saint-Siège. C'est en vain que, sous le règne de Charles VII, les papes Eugène VI et Nicolas V en demandèrent l'abrogation. En 1461, Louis XI céda aux instances du pape Pie II et consentit à l'abolir. Mais le Parlement de Paris refusa d'enregistrer les lettres patentes par lesquelles le roi déclarait retirer la Pragmatique et celle-ci fut maintenue. En fait on l'appliqua très peu. La situation entre le pape et le roi resta très tendue sous le règne de Louis XII. Peu après son avènement, François Ier qui, dans sa lutte contre Charles-Quint, avait besoin de l'appui du pape passa en 1516, avec Léon X, un concordat destiné à remplacer la Pragmatique sanction.

§ 2. — Concordat de 1516.

Le concordat de 1516 se compose de douze titres (1). Il ne reproduit qu'un petit nombre des dispositions de la Pragmatique (la suppression des grâces expectatives, des appellations frivoles ou *omisso medio*, etc.). *Il supprime l'élection pour les bénéfices supérieurs.* Désormais le roi nomme lui-même le nouveau titulaire en le choisissant parmi les gradués en théologie (docteurs ou licenciés) et à condition qu'il soit âgé de vingt-sept ans. La nomination doit avoir lieu dans le délai

---

tamment *la Fête des Fous* (voir Notre-Dame-de-Paris, de Victor Hugo) ; le titre XIX prive les clercs vivant en concubinage public de trois mois des revenus de leurs bénéfices et, s'ils persistent, de la totalité de ces bénéfices.

(1) Il a été rédigé par le chancelier *Duprat*.

de six mois à partir de la vacance. Le prélat désigné par le roi reçoit ensuite l'institution du pape. Le concordat réserve en outre à la papauté le droit de *prévention* pour les bénéfices inférieurs au détriment du collateur ordinaire (1).

Cette convention souleva de vives protestations dans le Parlement et dans l'Université. Les magistrats et le clergé étaient restés, en effet, attachés aux doctrines nationales consacrées par la *Pragmatique sanction*. C'est en protestant que le Parlement enregistra le *Concordat* de 1516 et à la suite de *lettres de jussion*. Pour en assurer l'exécution, la royauté, par une déclaration de 1527, crut devoir attribuer au *Grand Conseil* toutes les causes concernant les évêchés, archevêchés et autres bénéfices dont la nomination appartenait au roi.

Le Concordat ne rétablissait pas expressément les *annates*, mais un accord secret entre Léon X et François Ier autorisait le pape à percevoir cette taxe.

La Convention de 1516 fut en vigueur jusqu'à la Révolution.

§3. — Libertés de l'Église gallicane.

On entendait par libertés de l'Église gallicane les droits dont le roi et le clergé de France avaient joui de tout temps, dans leurs rapports avec la papauté. « Ce sont franchises naturelles et ingennitiez ou droicts communs esquels nos ancêtres se sont très constam-

---

(1) Voir sur ce point la IIe partie, chap. VIII, (*Ordonnance de Villers-Cotterets*) note, page 239.

ment maintenus... (1) ». Ces libertés ont été formulées pour la première fois par Guy Coquille au commencement de l'année 1594, dans son *Fraité des libertés de l'Église de France* (2). L'œuvre de Guy Coquille a servi, en grande partie, de base à une sorte de code intitulé *Libertés de l'Église gallicane*, publié par Pierre Pithou vers la fin de la même année 1594.

Les *Libertés de l'Église gallicane* sont divisées en quatre-vingt-trois articles.

L'auteur fait découler toutes les franchises qu'il revendique au profit du roi et du clergé français de deux maximes fondamentales :

I. — *Nos rois sont indépendants du pape pour le temporel.*

II. — *La puissance du pape est bornée par les canons et règles des anciens conciles reçus en France.*

Les principales conséquences de ces deux maximes sont les suivantes :

Les rois de France ont le droit d'assembler des synodes ou conciles provinciaux et nationaux pour traiter les affaires concernant l'ordre et la discipline ecclésiastiques ;

Le pape ne peut lever de deniers sur le revenu des bénéfices, sous prétexte d'emprunt, impôt, succession, annates, sans l'autorité du roi et le consentement du clergé ;

(1) Pierre Pithou, *Libertés de l'Église gallicane*, art. II.

(2) Cet ouvrage est la réponse que fit le député du Nivernais à un de ses collègues ultramontains des États de Blois qui lui objectait que ces libertés « *estaient comme chimères sans substance de corps, pour ce qu'il n'y en avait rien d'écrit.* »

Les sujets du roi ne peuvent être dispensés par le pape du serment de fidélité envers leur souverain ;

Aucune bulle du pape ne peut être reçue ni publiée en France sans l'assentiment du roi ;

Le concile universel est au-dessus du pape (etc.).

Les moyens d'assurer le respect des libertés de l'Eglise gallicane sont : l'examen des bulles avant leur exécution en France, les conférences amiables avec le Saint-Père, l'appellation interjetée au futur concile, enfin les *appels comme d'abus* (1).

L'ouvrage de Pierre Pithou a inspiré une œuvre plus étendue publiée en 1634 sous le titre de *Traité des droits et libertés de l'Eglise gallicane, avec les preuves.* L'auteur de ce traité est Pierre Dupuy, garde de la bibliothèque du roi (1592-1651) (2).

§ 4. — Déclaration du Clergé, de 1682.

La lutte qui s'engagea en 1682, entre Louis XIV et le pape Innocent XI fut une occasion qui permit au Clergé de France de revendiquer hautement et énergiquement les *libertés de l'Église gallicane.*

Plusieurs régions se prétendaient exemptes du droit de *régale.* Vers le commencement du XVIIe siècle, la couronne voulut étendre ce droit dans toutes les contrées, notamment dans les provinces nouvellement conquises. Une déclaration du roi de février 1673 consacra cette prétention d'une manière générale, au profit de la

(1) Voir page 102.
(2) *Manuel du droit public ecclésiastique français,* par M. Dupin.

couronne. La plupart des prélats dont les bénéfices s'étaient maintenus jusqu'alors dans l'exemption de la *régale*, cédèrent à l'autorité du roi ; quelques évêques résistèrent et ne craignirent pas de prodiguer les censures et même les excommunications contre les ecclésiastiques de leurs ressorts qui permettraient l'exercice de la *régale*. Ceux-ci en appelèrent aux métropolitains et les métropolitains annulèrent les ordonnances de censure. Alors, les évêques dont les ordonnances avaient été ainsi cassées interjetèrent *appel au Saint-Siège* du jugement de leurs métropolitains.

Innocent XI occupait le trône pontifical. Au lieu de négocier, il adresssa au roi deux *Brefs* en termes menaçants. Louis XIV répondit à ces procédés en convoquant une assemblée générale composée de trente-cinq prélats auxquels il demanda de définir les limites des puissances politique et ecclésiastique.

L'assemblée chargea Bossuet de formuler une déclaration de principes. La *déclaration sur l'autorité ecclésiastique* que rédigea l'Évêque de Meaux fut adoptée le 19 mars 1682 à l'unanimité. Elle renferme quatre articles : I. *Les rois ne sont soumis à aucune puissance ecclésiastique dans les choses qui concernent le temporel, ils ne peuvent être déposés par le pape, leurs sujets ne peuvent être dispensés du serment de fidélité à leur égard* ; II. *Les décrets du saint concile de Constance contenus dans les sessions 4 et 5 et observés de tout temps religieusement par l'Église gallicane demeurent dans leur force et vertu* ; III. *Les canons consacrés par le respect général de tout le monde règlent l'autorité apostolique* ;

*de même, les usages de nos pères doivent demeurer iné-
branlables ; IV. Le jugement du pape n'est pas irréfor-
mable, si le consentement de l'Église n'intervient.*

L'assemblée envoya, ensuite, une lettre circulaire à
tous les évêques de France, pour leur demander une
adhésion aux *quatre articles.*

Le 23 mars 1682, le Parlement enregistra la déclaration, en même temps qu'un édit du roi qui en ordon-
nait l'enseignement dans les écoles et séminaires ;
mais, la faculté de théologie fut moins favorable à la
Déclaration des quatre articles. Elle ne l'enregistra qu'à
la suite de dix-sept arrêts du Parlement et après l'exil
de huit docteurs de Sorbonne les plus influents.

Innocent XI et Alexandre VIII refusèrent les bulles
d'investiture aux ecclésiastiques de second ordre nommés depuis évêques, qui avaient contribué à cette ma-
nifestation gallicane. En présence de l'attitude du Saint-
Siège, les signataires de la Déclaration envoyèrent les
uns après les autres, au pape, une lettre de rétracta-
tion. Le 14 septembre 1693, Louis XIV, sans abandonner les principes formulés dans la *Déclaration* retira
son édit par une lettre adressée à Innocent XII (1).
Bossuet lui-même finit par céder : « *Abeat ergo, décla-
tio quo libuerit,* s'écria-t-il, qu'elle devienne ce qu'elle
voudra : il me suffit que l'ancien sentiment de l'école
de Paris demeure en son entier (2). »

---

(1) Il aurait agi sous l'influence de Madame de Maintenon.
(2) Sur cette matière consulter le *Manuel de droit public ecclésiastique* de M. Dupin ; voir aussi : *Le concordat et le gallica-
nisme,* par Émile Ollivier (Garnier frères, 1885).

CHAPITRE IX

Depuis la féodalité jusqu'à la Révolution, nous trouvons en France quatre classes de personnes, le *clergé*, la *noblesse*, les *roturiers* et les *serfs*.

Nous laisserons de côté le clergé, sur l'organisation duquel nous avons donné des détails suffisants et nous parlerons successivement des trois autres classes de personnes.

SECTION PREMIÈRE

LES NOBLES.

La noblesse se forma en France avec la féodalité. Les périodes antérieures ne nous présentent, en effet, aucun état social absolument analogue. Sous le Bas-Empire, il existait plusieurs catégories de citoyens jouissant d'exemptions et de privilèges : les sénateurs, les membres du clergé, les fonctionnaires appelés *clarissimi*, *spectabiles*, *illustres*. A l'époque mérovingienne, nous trouvons des personnages riches et puissants composant l'entourage du roi et que l'on appelle *antrustions*. Leur situation est toute personnelle et ne se transmet pas héréditairement.

La noblesse française du moyen âge a deux caractères bien distincts : elle est à la fois *terrienne et militaire*. Sous la féodalité, le noble était celui qui possédait un fief et qui, à ce titre, devait à son suzerain le service de guerre. On devenait noble, également, abstraction faite de la possession d'un fief, quand on était armé chevalier (*miles*).

Ce rôle important, que jouaient alors la détention d'une terre et l'aptitude personnelle à rendre le service d'armes, s'explique par la perturbation et l'insécurité générales qui, dans le cours des IX⁰ et X⁰ siècles, ont enfanté la féodalité. A cette époque, où l'autorité avait disparu, chacun ne devait compter que sur la force matérielle pour faire respecter ses droits et la fortune appartenait surtout à celui qui avait la seule force que l'on connût alors, la terre.

Au début, les seigneurs pouvaient concéder des fiefs à toute personne, noble ou roturière ; de même chacun pouvait entrer dans la *Chevalerie* ; il suffisait que l'on se fût vaillamment comporté sur le champ de bataille et tout chevalier avait le droit d'en créer d'autres (1).

Vers la seconde moitié du XIII⁰ siècle, la noblesse tendit à devenir une classe de personnes fermée aux roturiers. On commença par interdire aux *hommes de*

_____

(1) Les nobles détenteurs de fiefs entraient de plein droit dans la *Chevalerie* ; mais ils n'y parvenaient qu'après avoir passé par les rangs de *varlet*, de *page* et d'*écuyer*. La réception d'un chevalier était accompagnée de cérémonies religieuses et militaires, destinées à rehausser l'éclat et la splendeur de ce titre.

poëste l'acquisition des fiefs. Ce principe se trouve formulé dans les *coutumes de Beauvoisis*, de Beaumanoir. Cependant, on finit par se départir de la rigueur de cette règle. Les croisades obligèrent les nobles à vendre des fiefs aux roturiers riches et l'aliénation fut valable. Mais on soumit les roturiers qui acquéraient des terres nobles, à une taxe spéciale appelée *franc-fief*. Ce droit n'était pas une entrave bien sérieuse. Au XVIᵉ siècle, on en vint à décider que « *les roturiers et non nobles achetans fiefs ne seront pour ce anoblis, de quelque revenu et valeur que soient les fiefs par eux acquis* ». Cette disposition figure dans l'Ordonnance de Blois de 1579.

De son côté, la *Chevalerie* devint une confrérie absolument fermée aux vilains. La règle, que tout chevalier peut en créer un autre, disparut vers la fin du XIIIᵉ siècle, et les jurisconsultes réclamèrent pour le roi de France le droit exclusif de conférer la noblesse.

Sous la monarchie tempérée et la monarchie absolue, on distingue trois espèces de noblesse : la *noblesse de race*, la *noblesse concédée par le roi* et la *noblesse d'office*.

Noblesse de race. — C'est celle qui résulte de la naissance, c'est la noblesse d'origine. Elle se transmet de génération en génération par les mâles (1). Com-

---

(1) La transmission de la noblesse par les femmes est l'exception. Le fait s'est produit dans la Champagne et le Barrois, aux XIVᵉ et XVᵉ siècles. On disait dans ces pays « *le ventre anoblit* ». Ailleurs la règle était « *la verge anoblit et le ventre affranchit* ».

9

ment la prouvait-on? En 1500, la possession du père
et de l'aïeul était jugée suffisante. En 1664, une déclaration royale exigea que l'on apportât des preuves de
la noblesse depuis 1550. Au XVIIIe siècle, il suffisait
d'établir que les ascendants avaient été qualifiés de
nobles dans les actes pendant plus d'un siècle. Jusqu'au XVIIe siècle, il semble que les enfants bâtards
aient hérité de la noblesse aussi bien que les enfants
légitimes.

Noblesse concédée par le roi. — C'est à partir
du XIVe siècle que la royauté revendiqua pour elle
seule le droit de conférer des lettres d'anoblissement.
Ces lettres destinées à récompenser les services rendus
à la royauté devaient être enregistrées au Parlement, à la Chambre des comptes et à la Cour des aides.
Le nouveau noble devait payer une finance afin d'in-
demniser le roi de la perte des impôts. L'anoblissement était donc pour la couronne une source de revenus « source bien trompeuse, car contre de l'argent
comptant, le roi en faisant des nobles diminuait pour
l'avenir ses revenus (1). »

Noblesse d'office. — Certaines charges confé-
raient une noblesse tantôt héréditaire et tantôt personnelle. La noblesse héréditaire résultait des charges
de secrétaires du roi, de conseillers d'État, de présidents des cours souveraines, de gouverneurs (etc.). Les
autres charges n'entraînaient l'hérédité que si elles

---

(1) Viollet, *loc. cit.*, page 222.

avaient été possédées par deux générations consécutives. Le fils n'était noble que si le père et l'aïeul avaient été pourvus de l'office pendant vingt ans ou étaient morts en possession du même office (1).

La noblesse se perdait par des *condamnations infamantes* ; mais la déchéance était personnelle et n'atteignait pas les enfants du condamné. Elle se perdait également par la *dérogeance* qui résultait de l'exercice d'un métier, de l'exploitation d'une ferme appartenant à autrui, de certaines fonctions inférieures comme celles de procureur, greffier, sergent, huissier. La verrerie n'entraînait pas la dérogeance, les gentilshommes verriers jouissaient même d'un privilège spécial établi par Philippe-le-Bel. Les nobles pouvaient également se livrer au commerce de mer et au commerce en gros, sans déroger (2).

On recouvrait la noblesse perdue au moyen de lettres de *réhabilitation.*

Privilèges de la noblesse. — Les nobles jouissaient d'un grand nombre de privilèges : 1° ils avaient seuls le droit de porter des armoiries timbrées, c'est-à-dire de faire graver sur leur écu le casque et le heaume,

---

(1) Gautier, *loc. cit.* page 349. On suivait dans la noblesse l'ordre hiérarchique suivant : au plus bas degré, les écuyers et simples gentilshommes sans titres, puis les chevaliers, barons, vicomtes, comtes, ducs, princes, membres de la maison royale, pairs de France.

(2) La noblesse ne s'éteignait ni par pauvreté ni par prescription. « *Pauvreté n'est point vice et ne désanoblit point* ». — « *Longueur de temps n'éteint ni noblesse ni franchise* ». — « *Plus elle est vieille, plus elle est belle* ». Loisel, *loc. cit.*

2° Ils étaient exempts de la taille dans les pays où cet impôt était personnel, mais ils devaient la payer dans les régions où elle avait le caractère d'impôt foncier frappant les terres roturières, lorsqu'ils jouissaient d'une de ces terres, notamment d'une *censive*. Ils n'étaient pas non plus soumis aux corvées et aux banalités. Mais, sous la monarchie absolue ils durent payer, comme le clergé et les vilains, les taxes créées par Louis XIV sous les noms de *capitation*, de *dixièmes*, de *vingtièmes*. Ils devaient également acquitter les impôts de consommation (1), les droits de douanes et les autres droits indirects, à l'exception de la gabelle.

3° Ils avaient l'accès exclusif de certaines fonctions civiles, ecclésiastiques et militaires. C'est ainsi que nul ne pouvait être bailli ou sénéchal s'il n'était noble de race. Sous Louis XVI, pour être sous-lieutenant, il fallait prouver quatre quartiers de noblesse (édit de 1781). Plusieurs canonicats de l'Église cathédrale et plusieurs abbayes étaient réservés aux seuls gentilshommes.

4° En matière judiciaire, leurs causes étaient portées au civil et au criminel, devant les baillis et sénéchaux et non devant les prévôts. S'ils étaient déférés au Parlement pour affaires criminelles c'est la *Grand'chambre* qui le jugeait et non la *Tournelle*.

5° Au point de vue pénal, on tranchait la tête à un noble et l'on pendait un roturier.

(1) Nous avons vu, cependant, qu'ils ne payaient pas le droit de gros sur les vins, page 123.

6° La loi qui les régissait en matière de succession, de tutelle (etc.) différait de celle des vilains.

7° Ils avaient seuls le droit de chasse (etc.).

SECTION II

LES SERFS.

Au moyen âge, les *colons* de l'époque gallo-romaine ont disparu ainsi que les *lides* germaniques. Les *esclaves* domestiques ont été affranchis, mais leur liberté a été, le plus souvent, incomplète. Ces anciens esclaves lides et colons sont devenus *serfs*. Bien des gens dénués de toute protection et poussés par la misère entrent également dans cette catégorie sociale. Il n'est pas douteux non plus, qu'à une époque où la force jouait un rôle prépondérant, les seigneurs n'aient réduit des hommes libres en servitude.

Si nous l'examinons dans ses traits généraux le servage présente beaucoup d'analogie avec le *colonat*. Comme le colon, le serf est attaché, non à un maître, mais à la terre, comme lui, il est une personne et non une chose ; comme lui, il peut avoir des droits de famille, acquérir la propriété mobilière ou immobilière, contracter, ester en justice. A son décès son patrimoine revient au seigneur à titre de pécule (etc.).

La condition des serfs n'est pas la même partout. Elle comporte des distinctions et varie à l'infini, d'après les causes du servage, dans les nombreuses seigneuries dont la France est couverte. On peut, néanmoins, ramener les classes de serfs à trois :

1° Les serfs de corps ou de poursuite si étroitement unis à la terre qu'ils doivent toujours y résider. Prennent-ils la fuite, le seigneur a le droit de les rechercher et de les réintégrer par la force sur le domaine qu'ils ont voulu déserter. Il est à remarquer que ce lien au sol était aussi étroit chez les *colons*, qualifiés par les Romains et pour cette raison, de *servi terræ, inquilini, obnoxii terræ* (etc.).

2° Les serfs d'héritage ou serfs de servitude réelle. — Ceux-ci étaient des gens, serfs ou non, venus du dehors qui résidaient sur une terre cultivée servilement. Ils devenaient donc serfs *propter rem*, à raison de la tenure servile qui leur était concédée. En Franche-Comté et en Bourgogne l'homme franc devenait serf s'il demeurait, pendant un an et un jour sur une terre de main-morte ; il s'opérait ainsi une véritable prescription de courte durée. S'ils désavouaient leur seigneur et quittaient le sol, ils acquéraient la liberté ou recouvraient celle qu'ils avaient perdue. Mais, ils devaient délaisser tout ou partie de leurs biens mobiliers.

3° Les serfs de servitude personnelle qui s'établissaient où ils le voulaient, mais que suivait partout leur condition servile.

§ 1er. — Comment on devenait serf.

En dehors de l'établissement sur une terre serve, on entrait dans la classe servile :

1° par la *naissance*,

2° par le *mariage*,

3° par la *prescription trentenaire*.

Naissance. — D'après le droit romain l'enfant né en dehors des *justæ nuptiæ* suit la condition de la mère. Au contraire, d'après les principes germaniques, la servitude de l'un des deux parents donne à l'enfant la qualité de serf.

Au moyen âge, on ne trouve pas, sur ce point, de règle unique. Dans certaines provinces, notamment dans l'Orléanais, on applique la théorie romaine : *partus ventrem sequitur*. Mais, la règle germanique paraît, de beaucoup, la plus communément admise. On la formule en disant *le mauvais emporte le bon, les enfants suivent la pire condition. Semper qui nascitur deteriorem partem sumit*, dit le décret de Gratien (1).

C'est la naissance, jusqu'à l'abolition complète du servage, qui fut la source principale où se recrutèrent les serfs.

Mariage. — Dans quelques provinces la femme libre qui épouse un serf prend sa condition. Après la mort de son mari, elle peut recouvrer la liberté en quittant le toit conjugal et en transportant son domicile ailleurs, à condition qu'un an et un jour ne se soient pas écoulés, depuis le décès de son mari.

Prescription trentenaire. — Si, pendant trente ans on avait été traité comme serf, on devenait serf par prescription. Ce principe s'appliquait dans l'Auvergne et le Nivernais.

---

(1) On rencontre cette règle dans la coutume du Bourbonnais (art. 199) et la coutume du Nivernais, chap. VIII, art. 22.

§ 2. — Comment on sortait du servage.

On sortait du servage :

1° *Par le séjour d'un an et d'un jour sur le territoire de certains pays* à condition de ne pas être réclamé par son seigneur, durant cette période (1).

2° *Par la cléricature* conférée avec l'autorisation du seigneur ou même sans le consentement de ce dernier, quand la collation de l'ordre remontait à 10 ans. Il s'opérait, dans ce cas, au profit du serf, une véritable prescription. Le seigneur pouvait se plaindre à l'Évêque et s'opposer à la tonsure. S'il réclamait, après la la réception de la tonsure et dans le délai de la prescription, le serf quoique clerc ne devenait pas libre. Sa condition était toutefois meilleure que celle des serfs ordinaires : on l'exemptait de la corvée et du droit de main-morte (2).

3° *Par le mariage* d'une serve avec son seigneur. Il n'y a, à vrai dire, dans cette façon de sortir du servage qu'un affranchissement tacite, car le seigneur exprime ici, énergiquement sa volonté de donner la liberté à sa serve. Cette coutume était en vigueur dans le Beauvoisis ainsi que nous l'expose Beaumanoir (C. 45, § 34). Il n'était pas nécessaire d'obtenir le consentement du *pardessus* ou suzerain médiat du serf, comme dans l'affranchissement ordinaire.

---

(1) M. Viollet cite, dans son *Histoire du droit*, parmi les villes jouissant de ce privilège : *Maisons* en Champagne, *Contres* en Blésois, *Berne* en Suisse (etc.), p. 276.

(2) Voir Beaumanoir, XLV, §§ 17 et 28.

4° Par le mode le plus usuel, le mode normal, l'*affranchissement volontaire*. Aucune forme spéciale n'était exigée ; mais, en fait, des formes plus ou moins solennelles s'étaient introduites dans l'usage, notamment l'affranchissement *per cartam*. On exigeait en outre, le consentement des *pardessus* ou suzerains supérieurs (1); car, l'affranchissement était un abrègement du fief. Diminuant la valeur du *domaine utile*, il diminuait aussi le *domaine éminent*. Pendant longtemps, sans remonter jusqu'au roi de qui tous les seigneurs étaient censés tenir leurs fiefs, on s'arrêta au seigneur immédiatement au-dessous, qui le représentait dans la hiérarchie féodale. Plus tard quand la monarchie se sentit forte et devint absolue, le consentement royal fut exigé, en vertu du principe que le roi est le *Souverain fieffeux* du royaume. Pour obtenir ce consentement, il fallut payer un droit. Ce fut une nouvelle source de revenus pour le Trésor royal (2).

Naturellement, ce droit était payé par le serf qui devait en outre verser la somme que réclamait d'habitude le seigneur, pour l'affranchissement. La liberté coûtait donc, quelquefois, fort cher.

Jusqu'au XIV⁰ siècle, l'affranchissement ne fut pratiqué qu'individuellement, par les seigneurs et par le Roi. Le 3 juillet 1315, une *ordonnance célèbre de Louis X le Hutin* appela à la liberté les serfs du domaine de la couronne. Il ne faut pas voir dans cette mesure un acte exclusivement inspiré par des considérations d'hu-

(1) Beaumanoir, XLV, §§ 25 et 26.
(2) Esmein, à son cours.

9.

manité. Le roi voulait se procurer des ressources. « *Comme selon le droit de nature, chacun doit naître franc..... nous considérant que notre royaume est dit et nommé le royaume des francs et voulant que la chose, en vérité, soit accordante au nom, avons ordonné que toute la servitude soit ramenée à la franchise.* » Ces paroles sont belles mais l'ordonnance ajoutait un peu plus loin, que l'affranchissement aurait lieu à *bonnes et valables conditions* (1).

L'ordonnance de Louis X ne produisit que peu d'effets. A cette époque troublée, la liberté était, souvent, moins sûre que le servage. D'autre part, la plupart des serfs n'avaient peut-être pas un pécule suffisant pour l'achat de la liberté. Toujours est-il, qu'une nouvelle ordonnance rendue le 23 janvier 1318, par Philippe le Long renouvela celle de Louis X. Henri II, en 1553, rendit un édit dans le même but. Peu à peu les affranchissements augmentèrent. De 1550 à 1580, ils rapportèrent à la royauté 9 millions de livres tournois (2).

Nous verrons que Louis XVI, par son Édit d'août 1779 affranchit *sans finance*, les serfs de ses domaines et que la servitude fut abolie, définitivement, par l'Assemblée constituante, en 1789.

---

(1) C'est de l'ordonnance de 1315 qu'est née la maxime que tout esclave est libre dès qu'il met le pied sur le territoire Français (voir arrêt de la Cour de Cassation du 6 mai 1840. — Dalloz, 1, 40, 199).

(2) Viollet, p. 274.

§ 3. — Condition des serfs.

Le serf, avons-nous dit, est attaché non à la personne, mais à la terre. A l'époque féodale, un domaine était ainsi constitué : autour d'un château fort (ancienne *villa* romaine), se trouvait une zône cultivée pour les besoins du seigneur et de son entourage, par les gens du château ou *vilains serfs* et par des paysans (*vilains francs*), qui étaient tenus, les uns et les autres, à des corvées envers le seigneur. Le reste du fief formait des tenures serviles exploitées par les vilains serfs et si le nombre de ceux-ci était insuffisant, par les corvées des paysans (1).

Au milieu de la diversité qui règne dans la condition des serfs, on trouve, cependant, quelques traits généraux qui se rencontrent dans différents pays. Nous avons parlé plus haut, des *serfs de corps ou de poursuite* « si « sujets à leur seigneur, dit Beaumanoir, que leur sei- « gneur peut prendre tout ce qu'ils ont à leur mort ou « durant leur vie et leurs corps tenir en prison, toutes « les fois qu'il lui plaît, soit à tort, soit à droit et n'en « est tenu à répondre qu'à Dieu. »

Cette catégorie de serfs si misérables, encore existante au XIII⁰ siècle était heureusement rare ; il n'en est plus question au XIV⁰ siècle.

Quant aux serfs de servitude personnelle et aux serfs d'héritage ils sont soumis à des redevances et à des charges et frappés de diverses incapacités.

Ils sont *taillables* et *corvéables*. La *taille* servile est

(1) Larnaude, à son cours.

une prestation pécuniaire levée par les seigneurs sur les serfs de leur domaine. Dans certains pays, ces derniers sont *taillables à merci ou volonté* ; ou encore, *taillables haut et bas* (coutumes de Troyes, Franche-Comté, Bourgogne). M. Esmein fait observer, à son cours, que cette condition rigoureuse ne dura pas. Les seigneurs n'y trouvaient pas leur intérêt. En effet, le serf se voyant enlever tous ses profits par des taxes arbitraires n'était nullement poussé à en faire et la culture en souffrait. Dans le Bourbonnais et à Chaumont, les serfs étaient taillables *à volonté raisonnable.* Dans le Nivernais, *à volonté raisonnable une fois l'an* ; ailleurs, il y eut une taille abonnée (1).

La *corvée* consiste dans l'accomplissement d'un certain nombre de journées de travail sur les terres du seigneur, ou, dans l'apport d'une certaine quantité de fruits. Ce que nous avons dit de la taille s'applique à la corvée. Tantôt celle-ci est arbitraire, tantôt elle est fixée à l'amiable.

Les incapacités qui frappent les serfs concernent, les unes le *mariage*, les autres le *patrimoine*.

Mariage. — Le serf étant une personne juridique, jouissant des droits de famille, pouvait contracter un mariage légitime avec une personne serve ou libre, soit dans l'intérieur de la seigneurie à laquelle il était attaché, soit au dehors (2). Dans le premier cas, l'au-

(1) Viollet, p. 269.
(2) L'Église a de tout temps, reconnu la validité du mariage des serfs. Aussi, les Conciles ne permettaient-ils pas au maître de les dissoudre (Ginoulhiac, p. 368).

torisation du seigneur au *maritagium* était quelquefois nécessaire. Dans le second, s'il voulait épouser une personne de condition servile d'une autre seigneurie, il lui fallait toujours une autorisation et il était astreint au paiement, envers son seigneur, d'une somme appelée *foris maritagium* ou *Droit de formariage*. On comprend ce droit quand il s'agissait d'une serve épousant un serf d'une autre seigneurie. En effet, dans le mariage entre deux personnes serves, la femme avait le domicile de son mari et, par suite, l'enfant devait appartenir au seigneur de son père. Le seigneur de la mère perdait donc les enfants dont il aurait profité si le mari eut été un serf de sa seigneurie. Mais le mariage ne faisant rien perdre au seigneur du serf, la perception d'un droit par celui-ci se justifie moins facilement. Du reste, il intervint, entre les seigneurs, des conventions par lesquelles ils réglaient le sort des enfants à naître et convenaient par exemple, qu'ils seraient partagés entre eux.

Si le mariage au dehors avait eu lieu sans le consentement du seigneur, il pouvait en résulter une confiscation du patrimoine du serf délinquant. Cependant, de bonne heure, la confiscation fut remplacée par une amende de *formariage*.

Patrimoine. — Le serf pouvait acquérir des biens et en disposer entre-vifs. Le seigneur n'avait pas le droit de les lui enlever tant qu'il payait exactement la taille et faisait ses corvées. Mais s'il s'agissait des terres dont la culture lui était confiée, il ne pouvait les

céder qu'à des personnes de sa condition habitant la
même seigneurie. Les dispositions à cause de mort ne
lui étaient pas permises. Ses biens meubles ou immeu-
bles, même ses économies, revenaient au seigneur.
Incapable de tester, il n'avait pas, non plus d'héritiers
ab intestat. Ses enfants ne lui succédaient pas. Le seigneur recueillait les biens en vertu d'un droit qu'on
appelait *main-morte.* L'impossibilité de transmettre ses
biens pour cause de mort enlevait au serf tout stimu-
lant au travail. Aussi, la rigueur des principes reçut-
elle bientôt des atténuations. Dans certains pays, le
serf put transmettre le bien qu'il cultivait à ses enfants, moyennant le paiement par ceux-ci d'un droit
de rachat. En second lieu, on admet qu'une famille
composée d'un certain nombre de membres vivant en
commun, devenait une *société* au bout d'un an et un
jour.

Communautés serviles. — Ce groupement
qu'on appelait *Société taisible* ou tacite, avait deux
chefs : le *major* ou maître et la *majorissa* ou maîtresse.
A la mort d'un des serfs de la communauté, le seigneur
n'exerçait pas son droit de main-morte ; il y avait accroissement au profit de la Société, de la part indivise
du défunt. La reconnaissance de ces communautés de
droit n'était que la consécration officielle d'un état de
fait qui remontait à la plus haute antiquité. De tout
temps, les serfs obéissant à cet instinct de la société
inné dans le cœur de l'homme, avaient recherché la vie
en commun, par réunion de ménages. On disait qu'ils

vivaient à *pain* et à *pot*, à *pain* et à *feu*, à la même *sella* (maison).

Les communautés présentaient des avantages pour le seigneur. La culture était mieux dirigée et les serfs attachés davantage à la seigneurie, par le lien puissant de l'association, songeaient moins à abandonner les terres qu'ils occupaient, pour aller chercher au loin l'indépendance ou un autre seigneur. C'est ce qui explique pourquoi ces associations furent reconnues et encouragées. Enfin, dans les communautés ou sociétés taisibles, constituées avec l'approbation du seigneur, celui-ci n'avait affaire qu'au *major* pour le paiement des redevances. Quant aux serfs, leurs frais généraux étant divisés pesaient moins lourdement sur eux.

Guy Coquille trace le tableau suivant des *communautés serviles* ou *sociétés taisibles* : « Chacun à son « emploi. Les uns servent à labourer ou à toucher les « bœufs ; les autres mènent les vaches et les juments « aux champs, les autres conduisent les brebis et les « moutons, les autres sont pour les porcs. Chacun est « employé selon son sexe, son âge et ses moyens. Elles « sont réglées et gouvernées par un seul qui est nommé « le maître de la communauté, lequel est élu par tous « les autres. Il leur commande à tous, il va aux affai- « res qu'ils ont aux villes, aux foires et ailleurs ; et il a « le pouvoir d'obliger ses *parsonniers* en choses mobi- « lières qui concernent le fait commun, et c'est lui seul « qui est employé sur les rôles des tailles et autres sub- « sides. »

Les seigneurs se résignaient difficilement à l'abandon de leurs droits de main-morte au profit des communautés. Aussi, certaines coutumes avaient-elles admis d'assez nombreuses causes de dissolution des associations serviles. De là la règle : *un parti, tous partis.* D'un autre côté, profitaient seuls de la succession les serfs qui demeuraient dans la communauté. Ceux qui la quittaient perdaient tous leurs droits. C'est dans ce sens que l'on disait ; *le chanteau* (morceau de pain) *part le vilain* ; ou encore : *le feu, le sel et le pain partent l'homme morte-main.*

Les communautés se maintinrent tellement, par la force des traditions, dans quelques contrées, qu'elles survécurent même à l'abolition du servage. Il y a une quarantaine d'années, il en existait encore dans le Nivernais (1).

SECTION III

DES ROTURIERS OU VILAINS FRANCS.

Les terres des seigneurs n'étaient pas seulement occupées par les serfs ou vilains serfs. Des hommes libres y vivaient en assez grand nombre et n'étaient astreints qu'au paiement de redevances fixes. Ce sont les *vilains francs* qu'on appelle aussi *coutumiers, hommes de poeste, de postes, de pote (in potestate), roturiers (ruptuarii,* gens qui rompent le sol), *censitaires, manants* (gens restant sur la seigneurie). Ils descendaient en partie des anciens colons devenus libres. D'autres

_____

(1) Voir lettre de M. Dupin à M. Etienne sur la *Communauté des Jault.*

étaient de petits propiétaires qui avaient abandonné leurs biens fonciers au seigneur le plus voisin, pour en obtenir la protection et qui avaient conservé la jouissance de ces biens, à charge de payer une redevance annuelle. Nous avons déjà parlé de ce moyen d'assurer la protection des personnes et des terres. Nous l'avons rencontré, sous les noms de *patrocinia fundorum*; nous l'avons vu pratiqué, le plus souvent en faveur de l'Eglise, à l'époque où se forme la féodalité. Là où se trouve, à un moment donné une aristocratie puissante et un peuple qui n'est rien, là où l'organisation sociale doit amener, presque fatalement l'oppression d'une classe par une autre, l'abandon par les petits de leurs biens au profit des grands est une mesure commandée pour le souci de leur sécurité.

Les vilains francs ont une seconde origine. Les seigneuries renfermaient de vastes territoires qui, faute de bras, demeuraient en friche. Le roi et les seigneurs imaginèrent d'y attirer, pour les faire valoir, des cultivateurs du dehors. Les gens qui répondirent à cet appel appartenaient à la classe servile. Ils devinrent alors libres et jouirent encore d'autres avantages. Entre eux et le seigneur se forma un contrat appelé, contrat d'*hospis* qui excita les récriminations des voisins. En effet, les serfs désavouaient en foule leurs seigneurs, pour se rendre dans ces domaines. Les agglomérations de *vilains francs* auxquelles les contrats d'*hospis* donnèrent lieu, devinrent les *Villefranche*, les *Villeneuve* dont quelques-unes ont pris un grand dévelopement et sont devenues des Cités importantes.

La troisième origine des vilains francs est l'affranchissement des serfs. Le travail servile est toujours beaucoup moins producteur que le travail libre parce qu'il lui manque le plus énergique des stimulants : l'intérêt. D'autre part, dans certaines seigneuries, les serfs, maltraités, abandonnaient les fonds auxquels ils étaient attachés. Il en résultait que les terres mal cultivées, demeuraient en friche. Les seigneurs, pour assurer une meilleure culture de leurs domaines, donnèrent la liberté à une partie de leurs serfs. Poussés par le besoin d'argent, ils allèrent même jusqu'à en contraindre d'autres à l'affranchissement moyennant finance. L'Eglise ne fut jamais obligée de recourir à cet expédient pour se procurer des ressources. Elle était riche ; aussi n'affranchit-elle que très peu ses serfs qu'elle traitait du reste avec beaucoup de douceur.

SECTION IV

LES HÉRÉTIQUES ET LES PROTESTANTS.

Sous les premiers mérovingiens, le *paganisme* est définitivement vaincu ; mais l'*arianisme* (1) a fait de grands progrès en Gaule et a envahi surtout les régions occupées par les Burgondes. Une grande tolérance religieuse paraît avoir régné à cette époque où les rois barbares catholiques et ariens se montraient absolument hostiles à la persécution.

(1) *Arius* né vers 270 dans la Cyrénaïque, combattit la Trinité, nia la consubstantialité du Verbe avec le Père et, par suite, sa divinité et soutint que le Christ était une créature tirée du néant.

Sous les carolingiens, l'*arianisme* a disparu ne laissant que des traces lointaines dans les parties de la France où l'on devait persécuter, quelques siècles plus tard, ceux qu'on a appelé les *Albigeois* et les *Vaudois*.

Le nombre des hérésiarques est, alors, très restreint; les pouvoirs publics n'exercent aucune action pénale contre eux ; les condamnations qui les atteignent ont un caractère exclusivement religieux.

Rigueurs contre les Albigeois. — Croisade. Inquisition. — C'est aux XII⁰ et XIII⁰ siècles que le midi de la France fut tourmenté par la lutte contre les *Albigeois* (1). Le pape Alexandre III les frappa d'excommunication au troisième concile de Latran, en 1179. Innocent III prêcha contre eux une croisade et créa, en même temps, pour arrêter l'hérésie dans la chrétienté, un tribunal terrible, l'*Inquisition*, chargé de rechercher les hérétiques et de les juger en recourant à la torture (2). Cette institution monstrueuse immola de nombreuses victimes sans obtenir d'autre résultat que de révolter la conscience humaine. Vivement combattue en France l'Inquisition ne put s'y maintenir, mais elle désola l'Espagne.

A l'appel d'Innocent III, les chevaliers du nord de la France se croisèrent en foule dans l'espoir de piller

_____

(1) Les *Albigeois* étaient des hérétiques imbus des doctrines de l'*Arianisme* et du *Manichéisme ;* ils étaient répandus en Languedoc et en Provence et occupaient principalement les villes d'Alby, Béziers, Carcassonne, Toulouse, Montauban et Avignon.

(2) A partir de 1232, les fonctions inquisitoriales furent confiées aux Dominicains.

les riches cités méridionales. On égorgea 15.000 personnes à *Béziers* et on fit également un véritable massacre à *Carcassonne* et à *Alby*. En 1226, le roi de France, Louis VIII, se mit lui-même en campagne et vint s'emparer d'*Avignon*. La même année il publia contre les hérétiques une ordonnance par laquelle il les déclarait passibles du supplice du feu.

De son côté, l'Église poursuivait la lutte contre l'hérésie. En 1215, le quatrième concile de *Latran* avait décidé que les biens des hérétiques seraient confisqués et que les coupables seraient livrés au bras séculier (1) (l'Église ne verse pas elle-même le sang : *abhorret a sanguine*). Ceux qui échapperaient aux condamnations à mort devaient être déclarés indignes d'exercer les fonctions publiques, de faire un testament, d'ester en justice (etc.). Ces rigueurs furent renouvelées par une décrétale du pape Innocent IV.

Premières rigueurs contre les protestants. — Quant au XVIᵉ siècle Luther commença ses attaques contre Rome, et que la *Réforme* se fut répandue en France, la royauté craignant que la révolte religieuse ne conduisit en politique à une révolte contre le monarque, s'unit à l'Église pour combattre les novateurs. Plusieurs protestants furent brûlés à *Toulouse*, à *Vienne*, à *Montpellier*. A *Paris* il y eut également quelques victimes, parmi lesquelles *Étienne Dolet* dont la sta-

(1) Les tribunaux d'inquisition furent organisés d'une manière précise en 1229 ; ils n'eurent pas qualité pour exécuter le jugement ; les condamnés continuèrent à être livrés au bras séculier pour subir leur peine.

tue s'élève aujourd'hui sur la place Maubert, au lieu même de l'exécution (1).

Massacre des Vaudois. — A la même époque, de terribles mesures de répression furent prises contre les *Vaudois* (2) dont l'hérésie avait plus de trois siècles d'existence. Les membres de cette secte répandus dans les deux petites villes de Mérindol et de Cabrières et dans une trentaine de villages des Alpes et de Provence, affichaient une grande prétention à la pureté des mœurs (on les appellait *Cathares*, du mot grec καθαροι purs); ils étaient paisibles et vivaient obscurément. En 1545 le Parlement d'Aix reçut à leur égard des ordres rigoureux. Le baron de la Garde et le président d'Oppède entrèrent avec des troupes sur leur territoire. On en massacra trois mille, on en envoya plus de six cents aux galères; la plupart des autres périrent de faim et de misère.

Calvin. — Pendant ce temps, le chef des réformés de France, Calvin répandait les opinions luthériennes qu'il avait exposées dans son ouvrage : l'*Institution*

(1) Le moine qui l'assistait au moment où il monta sur le bûcher lui aurait dit en lui montrant la foule : *Non pia turba dolet, sed dolet ipse Dolet*. A quoi il aurait eu assez de présence d'esprit pour répondre, en retournant la phrase : *Non dolet ipse Dolet, sed pia turba dolet*. — Nous ne garantissons pas l'authenticité de cette anecdote.

(2) Ce nom viendrait de leur chef Pierre de Vaux ou Valdo, né près de Lyon au XIIe siècle. Les Vaudois partagèrent le sort des Albigeois lors de la croisade prêchée par Innocent III. Ceux qui échappèrent au massacre se réfugièrent dans les Alpes et la Provence.

chrétienne où il attaquait la primauté du Saint-Siège, l'autorité des Conseils œcuméniques, la présence réelle, le culte des Saints (etc.). Aussi impitoyable envers ses contradicteurs que l'était le clergé orthodoxe à l'égard des réformés, il faisait brûler *Michel Servet* pour avoir attaqué le dogme de la Trinité, montrant ainsi que les persécutés étaient aussi peu tolérants que les persécuteurs.

Edits de Michel de l'Hôpital.—Sous le règne de François II, la reine-mère, Catherine de Médicis, confia la haute fonction de chancelier à Michel de l'Hôpital. Ce grand homme fit rendre sous la pression du clergé l'*édit de Romorantin* (1560) qui attribuait aux officialités la connaissance du crime d'hérésie. Cette disposition valait mieux encore que le rétablissement, demandé par quelques personnages, de l'*Inquisition* depuis longtemps rejetée de France.

Deux ans après le Chancelier accomplissait le premier acte de véritable tolérance par son *édit de 1562* qui, tout en prohibant le culte calviniste dans les villes fermées, l'autorisait dans les campagnes et suspendait toutes les peines prononcées contre les *hérétiques*.

Malheureusement, la même année le massacre de Wassy devenait le point de départ des guerres de religion qui devaient, pendant trente-deux ans, couvrir la France de sang et de ruines.

Edit de Nantes. — L'édit de Nantes rendu par Henri IV, en 1598, mit fin à ces combats fratricides. Cet acte reconnaissait aux protestants la liberté de conscience, la liberté du culte dans l'intérieur des châteaux et dans toutes les villes où le protestantisme se trouvait alors établi. Les réformés obtenaient l'accès de toutes les dignités et de toutes les fonctions publiques, le droit de tenir des écoles au lieu où le libre exercice de leur religion leur était permis. Une *chambre de l'édit* composée moitié de protestants et moitié de catholiques était créée dans les Parlements pour juger les conflits entre personnes de religion différente. La pratique du culte réformé était interdite dans Paris et les environs.

« Il semble que l'ère moderne soit ouverte et la liberté des cultes assurée ; mais les esprits n'étaient pas partout mûrs pour cette législation nouvelle : on vit au commencement du règne de Louis XIII les protestants de Nîmes, de Calvisson, de Saint-Gilles, de Manduel, de Marguerittes, d'Uzès (etc.), organiser de véritables persécutions contre les catholiques ; toutefois, ce n'est pas de ce côté que la tolérance et la liberté couraient en France les plus grands dangers (1). »

Révocation de l'édit de Nantes. — En octobre 1685, Louis XIV cédant au zèle religieux de Madame de Maintenon, révoqua l'édit de Nantes. L'acte de révocation interdit aux religionnaires la pratique publique de leur culte, l'exercice des tutelles ou curatelles, l'accès des fonctions publiques. Leurs enfants devaient être baptisés par le curé et élevés dans la foi catholique. Les ministres protestants devaient sortir du royaume

(1) Viollet, *loc. cit.*, p. 293.

dans un délai de quinze jours et ne pouvaient rentrer en France sous peine des galères (etc.).

On connait les funestes conséquences de cette révocation au point de vue du développement de notre prospérité nationale. Près de 250.000 Français portèrent en pays étranger leurs richesses et leurs connaissances industrielles et commerciales.

Les ministres étant expulsés, le mariage des protestants devint en droit impossible, à moins d'une abjuration (1); l'union contractée devant les ministres demeurés en France malgré la loi, ne fut qu'un simple concubinage, les enfants furent qualifiés de bâtards.

Edit de tolérance de 1787. — Il faut aller jusqu'à la veille de la Révolution pour trouver un adoucissement à une législation qui frappait les protestants d'une véritable mort civile. Le 19 novembre 1787, Louis XVI rendit un édit de tolérance qui permettait aux non-catholiques d'exercer leurs commerces, métiers, arts, professions, sans qu'ils pussent être troublés ou inquiétés sous prétexte de religion; l'Edit les autorisait, en outre, à contracter des mariages produisant des effets civils, soit devant le curé catholique, soit *devant le premier officier de la justice du lieu*. Les naissances devaient être constatées par l'acte de baptême, ou à son défaut, par une déclaration devant le juge. Les décès devaient être déclarés au juge ou au curé.

---

(1) Une déclaration du 13 décembre 1698 les obligea à se marier d'après les règles du Concile de Trente, c'est-à-dire devant le prêtre catholique.

L'édit n'assimilait cependant pas les protestants aux catholiques ; ils restaient exclus des charges de judicature et de l'enseignement.

La constitution de 1791 proclama le grand principe de la liberté de conscience.

SECTION V

LES JUIFS.

Jérusalem fut détruite en l'an 70 de l'ère chrétienne, par l'empereur Titus et les Juifs furent chassssés à tout jamais de la Palestine, en l'année 135, par Adrien. Depuis cette époque ils ont cessé de former un corps de nation et se sont répandus sur toute la surface de la terre.

Partout où ils s'établirent, leur situation matérielle fut rendue difficile par l'hostilité que leur manifestaient les chrétiens auxquels ils rappelaient le crucifiement de Jésus-Christ. Frappés de l'interdiction d'acquérir des biens fonciers, ils n'eurent plus d'autre ressource que le commerce (1). Comme d'un autre côté le droit canonique défendait le prêt à intérêt et que cette défense ne pouvait concerner les Juifs, un grand nombre d'entre eux s'adonnèrent au trafic de l'argent et acquirent des richesses considérables. Peu à peu ils

_____

(1) Les Juifs ont toujours eu des aptitudes remarquables pour le commerce. La Bible ne raconte-t-elle pas qu'Esaü vendit à Jacob son *droit d'aînesse* pour un *plat de lentilles* et que les fils de ce même Jacob vendirent leur propre frère *Joseph* à des marchands ismaélites, pour quelques pièces de monnaie.

devinrent créanciers d'une foule de chrétiens ; si bien que les rois prirent contre eux des mesures qui consistèrent parfois en véritables confiscations de leur fortune. Ainsi en 1.31, avant de les expulser, Philippe-Auguste déclara nulles jusqu'à concurrence des quatre cinquièmes les créances des Juifs et décida que le dernier cinquième serait payé par les débiteurs chrétiens non pas à leurs créanciers, mais au roi lui-même. Philippe le Bel alla plus loin encore, il confisqua en bloc les biens des Juifs (1).

Poursuivis par la haine des chrétiens, les Juifs étaient, du reste, partout l'objet de mesures d'exception (2). On les mettait en prison, on les vendait, on les pillait, on les accusait de magie; on prétendait qu'ils sacrifiaient des enfants, qu'ils empoisonnaient les fontaines (etc.). A partir du XIIIe siècle, et pendant longtemps, on les obligea à porter des marques distinctives sur leurs habits. En 640, ils furent bannis de France par Dagobert ; en 1181 par Philippe-Auguste, en 1318 par Philippe le Long ; en 1395, ils étaient chassés du

---

(1) Viollet, *loc. cit.*, p. 304.

(2) En Angleterre, le roi Jean ayant besoin d'argent fit emprisonner les riches Juifs de son royaume. Il y en eut peu qui échappèrent aux poursuites de la Chambre de justice. Un d'eux à qui l'on arracha sept dents l'une après l'autre, donna mille marcs d'argent à la huitième. Henri III tira d'Aaron, juif d'York, quatre mille marcs d'argent et deux mille pour la reine. Il vendit les autres Juifs de son pays à Richard son frère, pour un certain nombre d'années, *ut quos rex excoriaverat comes evisceraret*, dit Mathieu Paris (afin qu'il arrachât les entrailles à ceux que le roi avait écorchés).

Midi de la France (1). Ils rentrèrent toujours, mais en payant chaque fois de grosses sommes d'argent (2). Une Ordonnance de 1280, leur fit défense d'avoir des domestiques chrétiens de l'un et de l'autre sexe. En 1740, le Conseil Souverain d'Alsace leur interdit de se loger dans les mêmes maisons que les chrétiens et prescrivit aux propriétaires de ces maisons de ne pas leur faire de baux (3). Dans certaines provinces, ils payaient un péage corporel, comme les animaux, des droits de *travers* (etc.). Ils en furent affranchis par un décret de janvier 1784.

On alla plus loin encore : jusqu'à la fin du XIVᵉ siècle, lorsqu'un Juif se convertissait au Christianisme,

---

(1) Ce n'est pas seulement de la métropole qu'ils furent chassés, mais encore des colonies. L'art 1ᵉʳ du *Code noir* de mars 1685 est ainsi conçu : « Voulons que l'édit du feu roi, de glorieuse mémoire, notre très-honoré seigneur et père, du 23 avril 1615, soit exécuté dans nos îles ; ce faisant, enjoignons à tous nos officiers de chasser hors de nos dites îles tous les Juifs qui y ont établi leur résidence, auxquels, comme ennemis déclarés du nom chrétien, nous commandons d'en sortir dans trois mois, à compter du jour de la publication des présentes, à peine de confiscation de corps et de biens. »

(2) D'après un grand nombre d'auteurs, la *lettre de change* aurait été inventée par les Juifs. Après leur expulsion de France par Philippe le Long, ils s'étaient réfugiés en Lombardie et avaient donné aux négociants de cette contrée, avec lesquels ils avaient traité, des lettres tirées sur ceux à qui ils avaient confié une partie de leur fortune lors de leur départ ou qui étaient leurs débiteurs. Ces lettres furent acquittées.

D'autres écrivains attribuent l'invention de la lettre de change aux Italiens.

(3) Dans chaque ville, on les reléguait dans un quartier séparé qu'on appelait *ghetto* en Italie.

on lui confisquait ses biens. Cette confiscation était destinée à compenser, pour le prince ou le seigneur, les taxes qu'ils levaient sur le Juif et dont ils se trouvaient privés quand celui-ci devenait chrétien. Un édit du 4 avril 1393, abrogea cette coutume qui prouve que, dans une certaine mesure, la condition du Juif se rapprochait de celle du *serf*.

L'émancipation des Juifs fut réalisée par un décret de la Constituante du 27 septembre 1791, dans les termes suivants : « L'Assemblée nationale considérant que les conditions nécessaires pour être citoyen français et pour devenir citoyen actif sont fixées par la Constitution, et que tout homme qui, réunissant les dites conditions prête le serment civique et s'engage à remplir tous les devoirs que la Constitution impose, a droit à tous les avantages qu'elle assure : — Révoque tous les ajournements, réserves et exceptions insérés dans les précédents décrets relativement aux individus Juifs qui préteront le serment civique ».

CHAPITRE X

Les terres des vilains francs ou hommes de poeste portaient généralement le nom de *censives*. On les appelait quelquefois, aussi, *vilenages* ou *rotures*.

La censive peut être définie : *une terre concédée par une personne qui porte le nom de Seigneur Censier à une autre personne, à charge de prestations annuelles en argent, dites cens.*

La *censive* différait du *fief* à plusieurs points de vue. Pendant longtemps l'acquéreur d'un *fief* fut tenu de rendre le service militaire. La *censive* ne donna jamais lieu qu'au paiement de sommes d'argent. Le *fief* était noble du côté du suzerain et du côté du vassal : aussi se transmettait-il noblement avec droit d'aînesse et de masculinité. La *censive* était noble du côté du concédant, mais elle était exploitée et transmise comme roture, ce qui ne comportait aucun droit d'aînesse (1). Le *fief* créait un rapport personnel entre le seigneur et son vassal, ce qui explique les services d'ost, de plaid et d'aides. Aussi le vassal ne pouvait-il,

_____

(1) Le seigneur censier n'y avait guère d'intérêt, car la censive n'entraînait ni le service militaire ni aucune de ces obligations qui ne pouvaient être remplies que par des hommes.

sans le consentement du suzerain, aliéner son fief. La *censive*, au contraire, ne créait jamais qu'un rapport entre deux fonds, sans aucun lien personnel. Ce rapport permettait au censitaire d'aliéner, ou même d'abandonner le fonds, s'il en trouvait les charges trop lourdes. Dans ce dernier cas, il pratiquait ce que l'on appellait le *déguerpissement*. Nous en reparlerons, un peu plus loin.

Obligations du censitaire. — Son droit sur la terre dont il a la jouissance. — Le censitaire devait payer la somme fixée dans l'acte. Elle était généralement modique et simplement récognitive de la seigneurie. Quelquefois le seigneur censier stipulait, en outre, le paiement d'un *surcens* représentant une partie des revenus de la terre concédée. En raison de son caractère récognitif, le *cens* était ordinairement imprescriptible et insaisissable, tandis que le *surcens* se trouvait dans les conditions d'une simple créance. Le censitaire était, souvent aussi, d'après les termes de l'acte, astreint à des prestations variées, comme des banalités ou des corvées.

Le censitaire pouvait aliéner sa censive entre-vifs ou par décès. La transmission entre-vifs, à titre onéreux donnait lieu à la perception de droits de mutation qu'on appelait *lods et ventes, relevoison, acaptes* (etc.). L'aliénation à titre gratuit n'entraînait, en général, la perception d'aucun droit, en faveur du seigneur (1). Les droits de mutation par décès étaient,

_____

(1) Dans certaines coutumes peu nombreuses, le seigneur pouvait écarter l'acquéreur par l'exercice du retrait féodal.

comme pour le fief, des droits de *relief* et des droits *d'ensaisinement*. Le paiement de ces derniers se justifie par l'idée qu'à la mort du censitaire, la possession de la censive revient au seigneur. Pour obtenir de celui-ci la restitution de la possession, l'ensaisinement, il fallait payer une somme d'argent. Ces deux droits disparurent assez vite. On admit qu'à la mort du titulaire, la possession avait passé directement sur la tête de l'héritier. C'est l'origine de notre saisine héréditaire.

A partir du 16e siècle, le *cens* tendit à devenir purement nominal, conséquence qu'entraîna la diminution de valeur de l'argent. Parmi les autres droits pécuniaires, le droit de *lods et ventes* se conserva à peu près seul.

Dans le principe, le censitaire n'avait pas la faculté de racheter ses redevances, pour libérer la terre ; mais, il lui fut toujours possible de s'en décharger, en *déguerpissant*, conséquence du principe que le censitaire est tenu seulement *propter rem*.

Le *déguerpissement* opérait pour l'avenir la résolution du bail à cens et permettait au seigneur de rentrer dans l'héritage déguerpi (1).

Règle : Cens sur cens n'a lieu. — Cette règle signifie qu'un censitaire ne peut, sans l'autorisation du seigneur censier ou *sire du treffons*, accencer lui-même la terre qu'il détient, la donner, pour ainsi dire

(1) M. Viollet prétend que cette faculté n'existait pas primitivement.

en sous-location à perpétuité. Il est certain, en effet,
que la vente d'un fonds grevé de deux cens, l'un au
profit du concédant originaire, de ses héritiers ou
ayants cause, l'autre au profit du concessionnaire et
de ses successeurs, devait être plus difficile. Les droits
de *lods et ventes* devenant par suite, plus rares, le *sire
du treffons* avait intérêt à empêcher l'accensement.
Mais, peu à peu, avec la dépréciation de l'argent, la
règle n'eut plus beaucoup de raison d'être et on cessa
de l'appliquer.

CHAPITRE XI

Dans la société féodale, l'*alleu* est la terre absolument libre, par opposition au *fief* et à la *censive*. Le propriétaire d'*alleu* ne tient la terre de personne ; il ne paie aucune redevance, ne doit pas les services d'ost, de plaid, de cour, d'aides (etc.). Il n'est pas soumis aux droits de relief, de quint, de lods et ventes. L'alleu est la propriété la plus indépendante qui ait jamais existé ; car à l'époque de la féodalité, la notion de l'État s'est affaiblie, les droits et charges, au profit du roi, comme souverain, n'existent pas. Ce n'est que tardivement, avec l'accroissement du pouvoir royal, que des taxes purent être levées sur les propriétaires d'alleux. Pour atteindre ce but, les rois imaginèrent une théorie dont nous dirons quelques mots plus loin.

On distingue l'*alleu noble* et l'*alleu roturier*. Le propriétaire d'un fonds libre pouvait le concéder, en tout ou en partie, à titre de *fief*, ou de *censive*. C'était un moyen, pour un propriétaire, de s'introduire dans la noblesse. Il devenait, par ce moyen, un seigneur qui n'avait pas de suzerain, tandis qu'il avait au-dessous de lui, des justiciables, des tenanciers, des vassaux, astreints à des redevances. Il jouissait donc de tous les avantages de la féodalité, sans en supporter

les inconvénients. Le franc-alleu roturier ne possédait
ni fief ni censive. Son propriétaire était justiciable du
seigneur dans les terres duquel se trouvait l'alleu.

Règle : Nulle terre sans seigneur. — L'al-
leu était difficilement conciliable avec l'organisation
féodale et la hiérarchie des terres et des personnes qui
constituait le caractère principal de la féodalité. Aussi,
chercha-t-on à le faire disparaître, dans les régions
où la féodalité avait ses plus profondes racines (1).

Dans les coutumes de l'Ouest, à Paris, dans l'Anjou
et l'Orléanais, à Blois et à Melun, on admit le principe:
Nulle terre sans seigneur ; ce qui signifiait que jusqu'à preuve contraire, la présomption était en faveur
de l'allodialité et contre la liberté des fonds. Cette
théorie s'expliquait par la considération suivante:
A l'époque de chaos politique et d'insécurité où se
forma le régime féodal, les petits propriétaires avaient
éprouvé le besoin de se donner un suzerain qui fût en
même temps un protecteur. D'autre part, les invasions
normandes accentuèrent encore ces tendances (les
conversions d'alleux en fiefs sont fréquentes, du XIᵉ au
XIIIᵉ siècle). Quand plus tard, le propriétaire d'un fonds
prétendit que sa terre était restée indépendante, durant cette période de trouble, son affirmation parut
peu vraisemblable, et tant qu'il ne la justifia pas par
un titre, le seigneur dans le ressort duquel se trouvait

(1) M. Viollet voit le point de départ de la lutte contre l'alleu
dans le capitulaire de Mersen (847) où Charles-le-Chauve dit:
*volumus ut unusquisque liber homo in nostro regno seniorem
qualem voluerit in nobis et in nostris fidelibus accipiat.*

le fonds put imposer à son détenteur les services féodaux.

Règle : Nul seigneur sans titre. — Dans d'autres provinces, la présomption était en faveur de l'alleu. On formulait la règle en disant : *Nul seigneur sans titre*. Ce principe était en vigueur dans la plupart des pays de droit écrit, où le droit romain considéré comme le droit commun était absolument contraire aux théories féodales. Il était donc naturel que l'on se refusât à admettre l'incorporation à une seigneurie, d'un fonds dont le propriétaire jouissait en pleine liberté. En pareil cas, le seigneur qui prétendait avoir des droits de suzeraineté sur le fonds devait produire le titre d'inféodation. Mais, la même règle se retrouvait également dans quelques coutumes du Nord, dans la Champagne, la Bourgogne, le Nivernais (etc.). Ici, l'explication est moins facile. Il est possible qu'un grand nombre de seigneurs pressés d'argent aient, dans ces régions, vendu à des censitaires le droit de ne plus payer de redevances, ce qui avait transformé leurs terres en alleux (1). La propriété libre avait donc pris une telle extension, dans ces pays, que l'indépendance des terres était présumée, jusqu'à preuve contraire.

Peu à peu, avec l'accroissement du pouvoir royal, le principe : *Nul seigneur sans titre* se restreint et tend à disparaître. Le roi s'efforce de faire prévaloir cette

_____

(1) Cette explication qui ne repose sur aucun texte est donnée par M. Gautier, *loc. cit.*, p. 338.

idée qu'il est *le souverain fieffeux* du royaume, que, par suite, toute terre dépend de la couronne, directement ou indirectement. Si donc, une terre n'a pas de seigneur, elle relève du roi, suzerain féodal. Il lui appartient, en conséquence, de percevoir des alleutiers les droits exigés de leurs vassaux, par les seigneurs suzerains.

En 1629, l'ordonnance de Michel de Marillac connue sous le nom de *Code Michau* formula cette théorie dans les termes suivants : « Tous héritages relevant de nous, « en pays coutumier ou de droit écrit sont tenus et « sujets aux droits de lods, ventes, quints et autres « droits ordinaires, selon la condition des héritages et « coutumes des lieux : *et sont tous héritages ne relevant* « *d'autres seigneurs, censez relever de nous,* sinon, pour « tout ce que dessus, que les possesseurs des héritages « fassent apparoir de tous titres qui les en déchar- « gent. »

Quelques provinces s'insurgèrent contre une pareille prétention. Le Parlement de Grenoble refusa d'enregistrer l'ordonnance et finit par obtenir gain de cause. Par un édit d'octobre 1698, le roi reconnut le franc-alleu en Dauphiné. A Troyes, à Chaumont, en Languedoc et en Bourgogne le principe : *Nulle terre sans seigneur* triompha seulement contre le *franc-alleu noble.* On continua de présumer le *franc-alleu roturier.*

La noblesse, de son côté, se montrait favorable à l'extension du principe : *Nulle terre sans seigneur.* Elle espérait en bénéficier. Aux Etats de Blois, en 1577, elle avait présenté au roi une requête tendant à faire déclarer féodales et censuelles toutes les terres du royaume (1). Au XVIIIᵉ siècle, le roi et les nobles s'efforcèrent, à l'envi, d'anéantir le franc-alleu, en se faisant adjuger des cens et des droits des lods et ventes sur des terres qui, d'après l'expression de M. Viollet, avaient traversé mille ou douze cents ans de liberté et de franchise.

(1) Académie de législation de Toulouse, t. VII, 1858, p. 169.

CHAPITRE XII

Au moyen âge, la liberté du commerce et de l'industrie n'existait pas. Les métiers étaient organisés en corporations ou communautés. Cet état d'association remonte d'une part aux *Collegia* du Bas-Empire ou sociétés formées entre ouvriers, avec l'autorisation du souverain, d'autre part aux *Ghildes* ou corporations d'origine germanique.

Dès le XIIIᵉ siècle les corporations sont nombreuses. Dans le *livre des métiers* publié sous le règne de St-Louis par Étienne Boileau on trouve cent métiers organisés en communautés et la liste n'en est pas complète.

Les corporations appelées aussi *confréries*, se sont développées en même temps que les communes. Ce groupement des artisans et gens de métiers était imposé par la nécessité de lutter contre la tyrannie et l'âpreté des seigneurs.

La réglemention des métiers, encore assez rare au XIIIᵉ siècle, se développa peu à peu, sur l'initiative des maîtres eux-mêmes qui avaient intérêt à restreindre la concurrence. Les règlements devinrent très minutieux ; ils fixaient souvent dans les petits détails, le mode de fabrication des produits. Chaque corporation devait rester dans les limites du commerce ou de l'industrie dont elle avait le monopole. Or ces limites n'étaient pas toujours faciles à établir, surtout dans les professions qui présentaient avec d'autres une certaine analogie. Aussi les procès étaient-ils fréquents, notamment entre les tailleurs et les fripiers (1), les libraires et les bouquinistes, les menuisiers et les charpentiers.

Les corporations comprenaient des *maîtrises* et des *jurandes*.

Maîtrises. — Le maître travaillait et faisait travailler pour son compte. Il avait sous ses ordres des *apprentis* et des *compagnons*. L'apprentissage était souvent fort long ; c'était un stage nécessaire avant de devenir *compagnon*. On donnait ce nom à l'ouvrier qui pouvait travailler où bon lui semblait et aspirer à la maîtrise s'il faisait le *chef-d'œuvre* exigé pour obtenir cette haute situation et s'il payait les droits du Trésor et ceux de la corporation. L'acquisition de la maîtrise était difficile non seulement à cause du chef-d'œuvre à exécuter et des droits à verser, mais parce que les maîtres désireux de ne pas se créer de concurrents favorisaient surtout leurs fils et leurs neveux. Les compagnons qui ne réussissaient pas à devenir maîtres faisaient leur *tour de France*, pour se perfectionner dans

(1) Le procès des tailleurs contre les fripiers sur la différence entre un habit neuf et un vieil habit, commencé en 1530 n'était pas terminé en 1776. On cite également, comme célèbres, celui des cordonniers contre les savetiers qui ne devaient pas raccommoder plus du quart de la chaussure, celui des faïenciers qui défendaient aux physiciens de fabriquer des baromètres.

leur métier, s'instruire et améliorer leur situation matérielle (1).

Jurandes. — Les *jurandes* étaient des tribunaux
composés de maîtres qui prêtaient serment et jouaient
le même rôle que les prud'hommes de nos jours. Les
maîtres jurés étaient nommés par la corporation, surveillaient le travail, en assuraient la bonne exécution
et tranchaient les difficultés entre maîtres et compagnons (2).

Les corporations présentaient de nombreux avantages : le sentiment de l'honneur du métier qui animait
les maîtres les poussait à apporter une conscience extrême dans leur travail ; la longueur de l'apprentissage
permettait aux futurs maîtres d'acquérir des connaissances étendues et une grande pratique ; les conflits
entre compagnons et maîtres étaient rares et ceux qui
surgissaient étaient jugés avec équité par les *jurandes*.

Mais, d'un autre côté, avec des métiers limités dans
leur mode de fabrication par les droits des autres métiers sur lesquels il leur était interdit d'empiéter (3),

(1) Ils formaient eux-mêmes des associations qu'on appelait
compagnonnages et qui avaient surtout pour but de faciliter l'em-
bauchage aux compagnons dans les diverses stations de leur
tour de France, de leur assurer en tout lieu un gîte et des secours
pécuniaires.

(2) Les jurandes et maîtrises n'existaient pas partout. Dans
certaines villes et faubourgs les métiers étaient libres. Ainsi, à
Paris, le faubourg Saint-Antoine jouissait d'une liberté, qui a
contribué à son développement industriel, notamment en ce qui
concerne les meubles.

(3) Les inventeurs ne pouvaient exploiter leurs découvertes,

avec une réglementation exagérée qui détruisait tout
esprit d'initiative, le progrès était, pour ainsi dire, impossible (1).

C'est ce que comprit Turgot, quand, en février 1776,
il publia un *édit supprimant les maîtrises et les jurandes et établissant la liberté du commerce et de l'industrie* sauf pour quelques corporations, celles d'impri-
meurs, libraires, pharmaciens, orfèvres (etc.).

Turgot n'allouait aucune indemnité aux maîtres dé-
possédés de leur monopole, ce qui n'était pas juste,
car, même en tenant compte de la diminution des prix
que devait entraîner la concurrence et dont ils étaient

car ils étaient exposés à être poursuivis par les corporations jalouses de leurs privilèges. Argand, l'inventeur de la lampe à
double courant, eut à lutter contre les lampistes, les potiers, les
chaudronniers, les serruriers de fer ou de laiton, sous prétexte
qu'il employait des matières ou des outils dont on se servait
dans ces différents métiers. — Cauwès, *Précis d'économie politique*, t. I, p. 69 note.

(1) Colbert fit un grand nombre de règlements dont les effets
ont été désastreux. « Ainsi, les fabricants de soieries de Tours
ne pouvant diminuer pour leurs étoffes la largeur fixée par les
règlements eurent à subir la concurrence des fabricants étrangers et de 7.000 métiers qui étaient à Tours en 1666, il n'en restait plus que 1.000 en 1675 », Gautier, *loc. cit.*, p. 472. — Les
conditions de l'apprentissage, du chef-d'œuvre, le mode d'élection des jurés, chacune des opérations industrielles, tout fut
soumis par Colbert à une règle précise. Dans les provinces, les
inspecteurs de manufactures durent veiller à l'observation des
prescriptions nouvelles, marquer les étoffes, visiter les fours,
exercer, en un mot, une rigoureuse police de l'industrie. Des pé-
nalités excessives (le carcan contre le maître récidiviste !) com-
plétèrent le système. Cette tyrannie nouvelle stérilisa l'industrie : sa décadence, après Colbert, s'accentua par suite de la
révocation de l'Édit de Nantes. — Cauwès, *loc. cit.*, p. 68.

appelés à profiter comme tout le monde, ils n'en su-
bissaient pas moins un grave préjudice.

L'opinion publique ne fut pas favorable à l'édit, le
Parlement résista et ne consentit à l'enregistrement
qu'après un *lit de justice*. Six mois après la publication
de l'édit, Turgot tomba et Louis XVI rétablit à Paris
6 corps de marchands et 44 communautés d'arts et métiers. Ce rétablissement avait lieu dans des conditions
qui constituaient une amélioration sur l'ancien état de
choses.

La Révolution créa un régime de liberté définitif.

CHAPITRE XIII

ABOLITION DU RÉGIME FÉODAL PAR LA RÉVOLUTION

En 1789 l'organisation de la propriété foncière reposait toujours sur la distinction des tenures nobles, roturières et serviles. Les prestations dues aux propriétaires de fiefs étaient toujours les mêmes qu'à l'époque féodale, il fallait leur payer des *droits de justice*, faire les *corvées* seigneuriales, recourir aux *banalités* du four, du moulin, du pressoir (etc.). Les vassaux devaient à leurs suzerains les *droits de mutation* entre-vifs et par décès : le *quint* et le *relief*; les censitaires devaient acquitter, en dehors du cens, les droits de *lods et ventes* et autres droits analogues.

Les seigneurs pouvaient seuls avoir des *colombiers*, seuls ils pouvaient exercer le droit de *chasse*. Enfin, le *servage* existait encore dans quelques régions, notamment en Franche-Comté, en Bourgogne, dans le Nivernais, en Champagne (etc.).

Les débris de la féodalité étaient conservés par un esprit de routine contre lequel l'opinion publique commençait à s'insurger. Aussi, l'abolition des droits féodaux réclamée par le tiers-état dans ses cahiers de doléances fut-elle un des premiers points sur lesquels l'Assemblée constituante eut à délibérer.

Dans la nuit du 4 août 1789, le vicomte de Noailles

et le duc d'Aiguillon proposèrent à l'assemblée le rachat des droits féodaux et l'abolition sans indemnité des corvées seigneuriales, main-mortes et autres servitudes personnelles. Ces idées furent accueillies par une explosion d'enthousiasme, un vrai délire d'abnégation et de désintéressement.

L'Assemblée se mit à l'œuvre immédiatement et rédigea le décret du 4 août que le roi promulgua seulement le 3 novembre et qui renferme, dans un ordre peu méthodique, les dispositions les plus diverses : suppressions du droit de *colombier*, du droit exclusif de *chasse*, abolition des *juridictions seigneuriales* sans indemnité, abolition des *dîmes*, de la *vénalité des offices*, déclaration de l'*admissibilité de tous les citoyens aux fonctions publiques* (etc.).

L'article 1ᵉʳ du décret était ainsi conçu : « *L'Assemblée nationale détruit entièrement le régime féodal* et « décrète que, dans les devoirs tant féodaux que cen- « suels, ceux qui tiennent à la main-morte réelle et per- « sonnelle et à la servitude personnelle, et ceux qui les « représentent sont abolis sans indemnité et tous les « autres déclarés rachetables ».

Cette rédaction était vicieuse. « Ainsi une *destruction entière* était annoncée au peuple : après quoi l'Assemblée, comprenant qu'elle ne pouvait procéder à une expropriation générale, posait immédiatement le principe équitable du rachat ; mais elle ne le posait pas nettement et uniformément... » (1). Les gens intéressés

(1) Viollet, *loc. cit.*, p. 616.

à la suppression sans indemnité revendiquèrent le bénéfice de la première phrase. Au contraire les seigneurs interprétèrent l'article dans un esprit tout opposé. Il en résulta une perturbation qui obligea l'Assemblée constituante à rendre, le 15 mars 1790, un autre décret où figure une distinction très rationnelle due au jurisconsulte Merlin. Ce décret divise la féodalité en deux périodes, l'une que l'on a appelée période de la *féodalité dominante*, l'autre période de la *féodalité contractante*.

On a rattaché à la première les droits que les seigneurs étaient présumés avoir acquis en vertu d'une usurpation, d'un abus de force matérielle, c'est-à-dire notamment les *redevances* payées par les serfs, les *justices* seigneuriales, les *impôts* de toute nature (etc.). Ces droits ont été abolis sans indemnité ; mais *on a maintenu* comme se rapportant à la deuxième période et déclaré rachetables les droits perçus par les seigneurs à la suite d'un contrat librement consenti : *cens, lods et ventes, rentes foncières, emphythéoses*, toutes les redevances qui étaient censées être le résultat de concessions de fonds faites à des roturiers. La présomption était en faveur des seigneurs.

On peut dire, sous une autre forme, que le décret dont nous parlons formulait le principe : *Nulle terre sans seigneur*.

Les paysans avaient compté sur une abolition sans indemnité, de tous les droits qui grevaient leurs terres. L'obligation de racheter ces droits trompa leur attente et leur parut d'autant plus onéreuse que la plupart

11.

n'avaient pas les ressources nécessaires pour opérer le rachat.

L'Assemblée législative, sous la pression de l'opinion des campagnes, renversa par un *décret du 25 août 1792* la présomption établie par le décret du 15 mars 1740. Elle formula le principe : *Nul seigneur sans titre,* présuma que les redevances étaient l'effet d'une usurpation et mit la preuve contraire à la charge des seigneurs, obligeant ces derniers à rapporter l'acte primordial d'inféodation ou d'accensement. C'était leur demander l'impossible et abolir, en fait, les droits féodaux sans indemnité.

La *Convention* fut plus radicale. Un *décret du 17 juillet* 1793 supprima toutes les redevances féodales et ne maintint que les rentes ou prestations non féodales et purement foncières. Elle condamna au feu tous les titres constitutifs ou récognitifs de droits féodaux.

DEUXIÈME PARTIE

SOURCES DU DROIT PRIVÉ FRANÇAIS.

Notre droit français moderne est composé d'éléments empruntés à quatre sources : le *droit romain*, le *droit germanique*, la *législation ecclésiastique* et les *ordonnances royales*.

Le *droit romain* apparaît et s'impose au moment de la conquête. Il passe par plusieurs phases. Au début et jusqu'à l'invasion des barbares, la loi romaine est la seule que connaisse la Gaule. Puis elle devient, sous la monarchie franque, une législation uniquement applicable aux sujets d'origine gallo-romaine, en vertu du principe de la *personnalité de la loi*. Aux Xe et XIe siècles, à cette époque de trouble où se forme la féodalité, le droit romain n'est plus qu'un droit coutumier. Au XIIe siècle, il renaît brillamment en Lombardie. L'œuvre de Justinien pénètre alors en France où elle trouve de nombreux interprètes. — L'influence du droit romain s'est exercée surtout dans le midi, qui a pris le nom de *pays de droit écrit*.

Le *droit germanique*, après avoir été écrit dans le cours des VIe et VIIe siècles (loi salique, loi gombette, etc.), devient, comme le droit romain, une législation coutumière en vigueur surtout dans le nord et dans le centre de la France, régions que l'on appelle *pays de droit coutumier*. Sa rédaction officielle commence vers la fin du XV⁰ siècle et se prolonge dans tout le cours du XVI⁰. Il a inspiré une grande partie des dispositions du Code civil.

Le *droit canonique* se développe, en Occident, sous le règne de Charlemagne, à partir du moment où cet empereur reçoit du pape Adrien le recueil appelé *Codex canonum ecclesiæ romanæ*. Il acquiert rapidement une sérieuse importance. Tous les clercs y sont soumis *ratione personæ* ; il s'applique dans un grand nombre de cas aux laïques, *ratione materiæ*. Au XIII⁰ siècle, les papes s'efforcent de l'imposer au détriment du droit romain, dont ils prohibent l'enseignement dans certaines régions. Sous la monarchie absolue, son rôle s'amoindrit, par suite de l'affaiblissement des juridictions ecclésiastiques.

Enfin, les *décisions royales* qui ont laissé des traces dans notre droit moderne sont surtout les *grandes ordonnances* rédigées à partir de François 1⁰ʳ et dans toute la période de la monarchie absolue.

CHAPITRE PREMIER

SOURCES ROMAINES ANTÉRIEURES A L'INVASION
DES BARBARÈS

Le droit en vigueur en Gaule, depuis la conquête par Jules César jusqu'à la chute de l'empire d'Occident en 476, fut le même que dans les autres contrées soumises à la domination romaine. Ce droit consistait dans les *écrits des jurisconsultes* (1) et dans les *rescrits impériaux* (2).

Codes Grégorien et Hermogénien. — Les rescrits des empereurs étant devenus très nombreux, deux jurisconsultes sans caractère officiel les réunirent pour en former des recueils. Ce furent les *Codes Grégorien* et *Hermogénien*. Le premier, composé vers la fin du IIIᵉ siècle, dans les dernières années du règne du Dioclétien, renferme les rescrits des empereurs païens, depuis Adrien jusqu'à Valérien et Gallien. La date du second est plus incertaine ; il est composé

---

(1) Les écrits des jurisconsultes étaient des commentaires de l'ancien droit formé par la loi des douze tables, les plébiscites, les sénatus-consultes et le droit prétorien.

(2) Les rescrits étaient des réponses adressées par l'empereur soit à des magistrats ou fonctionnaires, soit à des particuliers, sur quelque point de droit.

surtout des rescrits de l'empereur Dioclétien. Il nous en reste fort peu de fragments. — L'autorité de ces deux codes fut très grande.

Code Théodosien. — Sous Constantin, le premier empereur chrétien, et ses successeurs, les actes législatifs des empereurs sont des *constitutions*. Théodose II le jeune les fit réunir en une compilation que l'on appela *Code Théodosien*. Ce recueil composé de seize livres renferme les constitutions des empereurs, depuis Constantin jusqu'à Théodose. Il s'occupe de toutes les parties de la législation : droit privé, droit pénal, administration (etc.) (1).

Après cette publication, de nouvelles constitutions virent le jour. Elles émanent, les unes de Théodose le jeune lui-même, les autres des empereurs Valentinien, Majorien, Marcien, Sévère, Léon et Anthémius.

Ces *novellæ constitutiones* furent en vigueur dans la Gaule comme les Codes Grégorien, Hermogénien et Théodosien.

Les *écrits des jurisconsultes* s'étaient accumulés avec le temps, à tel point qu'il était impossible de les connaître et de les étudier tous.

Loi des citations. — Par sa constitution de l'année 426, dite *Loi des citations*, Valentinien III donna autorité aux écrits des cinq jurisconsultes les plus cé-

---

(1) Nous ne possédons pas ce recueil en entier. Le commentaire qui en a été fait au XVIIe siècle, par Jacques Godefroy, est un monument d'érudition.

lèbres et de ceux dont ils avaient adopté les opinions. Les premiers furent : Papinien, Paul, Gaïus, Ulpien et Modestin ; les seconds : Scœvola, Sabinus, Julien et Marcellus. Dans le cas de partage d'opinions et à nombre égal, l'opinion de Papinien l'emportait.

La *Loi des citations* prit place dans le *Code Théodosien* et fut, comme lui, applicable en Gaule.

CHAPITRE II

SECTION PREMIÈRE

PERSONNALITÉ DE LA LOI.

Quand l'invasion barbare est terminée, vers la fin du
Vᵉ siècle, trois peuplades se partagent la Gaule : les
Wisigoths qui occupent le midi, les Burgondes qui
occupent la région arrosée par le Rhône et la Saône ;
les Francs qui ont pris possession du nord et du centre.

Les Wisigoths et les Burgondes étaient entrés en
Gaule comme des alliés de l'empereur et non comme
des conquérants. Ils n'avaient pas enlevé aux Gallo-
Romains leur liberté et ne les avaient expropriés que
d'une partie de leurs biens. Ils respectèrent leurs lois.
Cette tolérance s'appliqua sans restriction, dans les cas
où des contestations portant sur le droit privé surgissaient entre Romains seuls. Si des litiges s'élevaient
entre Romains et Barbares on recourait toujours à la
loi barbare, que le Romain fût demandeur ou défendeur.

Chez les Francs, les textes antérieurs au baptême de
Clovis prévoient uniquement l'hypothèse où, un crime

ayant été commis, c'est un Romain qui en est la victime ou l'auteur. Dans les deux cas, le Romain est toujours soumis à la loi barbare. Aucun texte ne prévoit l'hypothèse où les parties en présence ne sont que des Romains et de celui où le conflit a un caractère purement civil. Quand on arrive à l'époque de Clovis et de ses successeurs, certains documents constatent d'une manière expresse la reconnaissance du droit romain par les Francs et son application dans les contestations entre Romains seuls.

En 660, le recueil des *Formules de Marculf* nous apprend que chaque peuple, Franc, Romain ou Burgonde était soumis à sa loi personnelle. Un modèle de circulaire envoyé aux ducs et comtes, inséré dans le recueil dont il s'agit, rappelle à ces fonctionnaires qu'ils ne doivent pas oublier le principe de la *personnalité de la loi* (1).

Comment expliquer la *personnalité des lois* en matière de droit privé après l'invasion ? La législation romaine était plus parfaite et plus complète que les coutumes barbares ; celles-ci étaient grossières, primitives, et ne pouvaient suffire à un peuple avancé en civilisation. Les Francs, Burgondes et Wisigoths se rendirent facilement compte de la supériorité du droit romain et éprouvèrent pour cette législation une sorte de respect qui en explique suffisamment le maintien. A un autre point de vue, le droit d'un peuple répond à certains besoins et à certaines idées qui ne peuvent

_____

(1) *Marculfi monachi formuloruum liber primus,* caput VIII.

se modifier que par une lente évolution. Imposer aux
Romains la loi barbare eût donc été opérer un bouleversement qu'aurait seule expliqué une conquête
violente, une subordination absolue des vaincus aux
vainqueurs. Or telle n'avait pas été la situation des
Gallo-Romains.

Le système de la *personnalité des lois* donna lieu à
des difficultés : la nationalité des parties et le texte à
appliquer n'étaient pas toujours faciles à connaître.
En outre, à quelle loi recourir si les deux plaideurs
étaient de race différente ? Sur ce dernier point, on
finit par adopter la loi du défendeur. La nationalité
de celui-ci était constatée par sa déclaration, sa *pro-
fessio*. La loi personnelle régissait non seulement le
fonds du procès, mais encore les moyens de preuve.

Les femmes mariées suivaient la loi de leur mari,
l'Église et les clercs étaient soumis à la loi romaine :
l'affranchi suivait la loi à laquelle se rattachait son mode
d'affranchissement, c'est-à-dire la loi romaine ou barbare, suivant que le mode employé appartenait à l'une
ou à l'autre nationalité.

SECTION II

DROIT ROMAIN A L'ÉPOQUE GALLO-FRANQUE.

Les barbares avaient laissé aux Gallo-romains le
droit qui les régissait avant l'invasion, mais ce droit
formait des compilations trop vastes, pour les juges
barbares. Il était nécessaire de les réduire, afin de les
conformer aux besoins de la pratique.

Trois compilations officielles du droit romain furent alors rédigées, l'une chez les Ostrogoths, en Italie, c'est l'*Édit de Théodoric* dont nous n'avons pas à nous occuper, la seconde chez les Wisigoths, c'est la *Lex romana Wisigothorum* ou *Bréviaire d'Alaric* ; la troisième chez les Burgondes, c'est la *Lex romana Burgundionum* appelée aussi *Papien*.

Les francs ne firent pas de recueils spéciaux pour leurs sujets Gallo-romains.

§ 1er. — Bréviaire d'Alaric.

Cette loi fut rédigée par les ordres d'Alaric II fils et successeur d'Euric. La promulgation en eut lieu à Toulouse, la vingt-deuxième année du règne d'Alaric, en 505 ou 507. Clovis ayant vaincu les Wisigoths en 507 à Vouillé, le *Bréviaire d'Alaric* n'en continua pas moins d'être appliqué. Ses dispositions restèrent dans la pratique et contribuèrent à former le *droit écrit* dans le midi de la France.

Il comprend, parmi les *leges* ou constitutions impériales, un abrégé considérable du *Code Théodosien*, des novelles de Théodose le jeune, Valentinien, Marcien, Majorien et Sévère, treize livres du *Code Grégorien*, deux du *Code Hermogénien* ; comme *jus* ou écrits des jurisconsultes, les *Institutes de Gaius*, réduites à cinq livres, les *Sentences de Paul* et un fragment du *Liber responsorum de Papinien*. Ulpien et Modestin n'y sont pas représentés.

Tous ces textes, à l'exception des Institutes de Gaius sont accompagnés d'un commentaire perpétuel appelé

interpretatio qui nous fait connaître l'état des institutions à cette époque et les modifications que les lois
romaines ont subies dans la pratique (1).

§ 2. — **Papien.**

Cette loi romaine des Burgondes émane du roi Gondebaud, l'auteur de la *Loi Gombette* dont nous parlerons plus loin. Elle renferme des dispositions extraites
des Institutes de Gaius, des Sentences de Paul, des Codes *Grégorien, Hermogénien* et *Théodosien* et des novelles qui suivent et complètent ce dernier Code. Fait sans
ordre et sans méthode, ce recueil n'eut pas grande autorité, même chez les Burgondes où le *Bréviaire d'A-
laric* le remplaça peu à peu (2).

(1) Avant la découverte par Niebuhr, en 1816, du palimpseste
de Vérone qui renfermait les *Institutes de Gaius*, celles-ci n'é-
taient connues que par le *Bréviaire d'Alaric*. Aujourd'hui encore,
c'est dans cet ouvrage que nous trouvons la majeure partie des
Sentences de Paul.

2) La qualification de *Papien* est le résultat d'une erreur qu'on
a longtemps attribuée à Cujas. Ce jurisconsulte fut le premier
qui publia le Papien dans une édition du Code Théodosien, sous
le nom de *Papiani responsum*. M. de Savigny a supposé que
Cujas avait sous les yeux un manuscrit renfermant le *Bréviaire
d'Alaric* et à la suite, une citation de Papinien commençant par
ces mots : *incipit Papiani liber responsorum*, citation suivie elle-
même de la *loi romaine des Burgondes*. Cujas aurait considéré
la citation comme faisant partie de la loi romaine des Burgondes, et sans se douter que Papiani était une contraction de Pa-
piniani, il aurait attribué la loi toute entière à un auteur nommé
Papien. Plus tard il aurait reconnu son erreur mais le nom
donné serait resté. Un manuscrit du IX⁰ siècle a permis de reconnaître que tout en ayant probablement la même cause, l'erreur doit être reportée à une époque antérieure de 6 à 7 siècles à Cujas.

SECTION III

DROIT DES BARBARES.

Après leur établissement en Gaule, les Germains crûrent devoir rédiger leurs coutumes jusqu'alors probablement non écrites. Ils y furent poussés par différents motifs : l'exemple des Romains, la nécessité d'assurer la conservation de ces coutumes que l'influence des lois romaines aurait pu faire disparaître, l'application de la personnalité de la loi qui eut été très difficile, en l'absence de textes.

La rédaction eut lieu en latin populaire et barbare. De ces différentes lois, la plus importante est la *Loi Salique*. C'est la plus ancienne et le droit qu'elle contient fut le plus longtemps en vigueur. Elle réflète fidèlement les coutumes germaniques et a très peu subi l'influence du droit romain.

§ 1er. — **Loi Salique.**

Son texte le plus ancien, divisé en 65 titres, est écrit en latin et renferme des expressions tudesques précédées du mot *Malberg* qu'on a appelées *gloses malbergiques*. Quatre autres textes sont parvenus jusqu'à nous. Le plus récent contient 72 titres ; il est connu sous le nom de *lex emendata a Carolo magno*. Il daterait de l'année 768. Une particularité de ce texte consiste en ce qu'il ne contient plus de *gloses malbergiques*.

La loi salique renferme les matières les plus diverses et comme la société à laquelle elle s'appliquait était bar-

bare, le droit civil y tient fort peu de place. La plupart
de ses articles, 343 sur 408, sont consacrés à la détermination du *Wergeld* ou somme à payer en cas de meur-
tre, à la famille de la victime. Un de ses titres : *de alodis* (titre 59) est célèbre ; c'est celui qui est connu dans
l'histoire sous le nom de *loi salique*. Il s'occupe du droit
de succession. Au moyen âge, on en a fait, à différentes reprises, l'application à la transmission de la couronne.

Plusieurs capitulaires des rois de la première et de
la seconde race ont été publiées avec la *loi salique* et
en forment le complément.

§ 2. — Loi des Francs Ripuaires.

Cette loi marque un progrès sur la précédente, car
elle a été publiée à une époque moins reculée. Il n'en
existe qu'un seul texte. Elle renferme six parties : la
première reproduit l'ancienne coutume nationale des
Ripuaires ; la deuxième et la cinquième parties sont
une imitation du plus ancien texte de la *loi salique* ;
la troisième partie est de la fin du VIe siècle, elle présente un intérêt pour l'histoire de la juridiction ecclésiastique ; la quatrième partie contient des dispositions
relatives au droit public et appartient, probablement
à la première moitié du VIIe siècle. Dans la *loi des Ripuaires*, l'influence romaine et celle de l'Eglise se ma-
nifestent moins sensiblement encore que dans la *loi
salique*. Le pouvoir royal y est très développé, la procédure pénale y est plus savante et plus détaillée.

§3. — Loi barbare des Burgondes ou loi Gombette.

Le texte qui nous en est parvenu est de l'année 517. C'est une édition de la loi primitive modifiée et complétée par Sigismond, fils de Gondebaud. La *loi Gombette* est la loi du roi Gondebaud (*lex Gondobada*) ; mais il est probable que ce souverain n'en est pas le seul auteur et qu'elle est le produit de législations successives. Le droit romain joue un grand rôle dans la *loi Gombette* ; le droit pénal y tient beaucoup moins de place que dans les lois des Francs Saliens et des Francs Ripuaires. Plus de la moitié de ses dispositions se rapporte au droit civil et à la procédure. Elle fut en vigueur pendant près de six cents ans.

§4. — Loi barbare des Wisigoths.

Cette loi est parvenue à nous en deux parties ; l'une porte pour rubrique le mot *Antiqua*, l'autre est appelée *Liber judicum* ou *Forum judicum*. Le style de la *lex antiqua* est simple, celui du *Forum judicum* est verbeux et boursouflé. Cette dernière loi a été rédigée en Espagne quand les Francs eurent refoulé les Wisigoths dans ce pays. Elle est donc plus précieuse pour l'étude de la législation espagnole que pour celle de notre droit.

SECTION IV

CAPITULAIRES DES ROIS FRANCS.

A la différence des *leges* dont nous venons de parler, qui s'appliquaient à chacun d'après son origine, les *Capitulaires* s'adressent à tous les sujets romains ou barbares, sans distinction ; ils constituent donc une importante exception au principe de la personnalité de la loi.

Les ordonnances des rois mérovingiens avaient porté les noms variés de *pacta,* de *decretiones, edicta, constitutiones.* C'est seulement sous les carolingiens qu'apparaît l'expression de *capitula* qui signifie ordonnance royale divisée en chapitres.

Les Capitulaires s'occupent des matières les plus diverses. On y trouve dans une incohérente variété, des dispositions concernant la morale, la législation politique, pénale, civile, religieuse, domestique, des additions aux lois saliques et lombardes, des instructions aux *missi dominici,* des extraits des actes des conciles, des arrêts, lettres de grâce, réponses à des questions posées par les évêques, comtes (etc.).

Les Capitulaires étaient-ils toujours l'œuvre du souverain seul ? Les rois Carolingiens tenaient des assemblées générales deux fois par an, au printemps et en automne. C'étaient des *placita.* Dans ces réunions, le roi soumettait à l'examen des grands, les capitulaires qu'il avait rédigés. Il ne leur demandait que des conseils auxquels il donnait la suite que bon lui semblait (1).

Sous la monarchie franque il n'y eut jamais de recueil officiel de capitulaires. Ceux-ci nous sont parvenus soit isolément, dans les manuscrits, soit sous forme de recueils privés. Le plus ancien et le plus célèbre de ces recueils est celui d'Anségise, abbé de Fontenelle et de Flavigny qui vécut sous les règnes de Charlemagne et de Louis le Débonnaire. Le *Capitularium d'Anségise*, divisé en quatre livres, comprend exclusivement des capitulaires de ces deux princes, Il eut un grand succès. Louis le Débonnaire et Charles le Chauve y recouraient comme à un ouvrage officiel.

Peu de temps après Anségise, un personnage qui se présente sous le nom de *Benedictus Levita*, diacre de Mayence, compila un nouveau recueil qui renferme un plus grand nombre de capitulaires que le précédent. Mais, un certain nombre de ces capitulaires sont apocryphes. Ceux qui ont ce caractère sont puisés dans les recueils de droit romain, dans les lois barbares et dans les recueils ecclésiastiques. Le but de l'auteur semble avoir été de développer l'influence de l'Église.

---

(1) Nous avons des renseignements précieux sur le rôle des *placita* et leur fonctionnement, dans une instruction écrite par *Hincmar*, évêque de Reims, en 882, à la demande de quelques grands du royaume qui eurent recours à ses conseils, pour le gouvernement de Carloman, un des fils de Louis le Bègue. *Hincmar*, copie dans cette instruction, un traité *de ordine palatii* écrit avant 826, par *Adalard*, abbé de Corbie et l'un des principaux conseillers de Charlemagne. Guizot, *Essais sur l'Histoire de France*, Didier, 1860, p. 277.

12

Le recueil du diacre Benoît le Lévite contient aussi
de fausses décrétales. Il eut un grand succès et fut cité
dans des capitulaires authentiques.

A une époque beaucoup plus rapprochée de nous,
en 1676, une autre recueil de capitulaires a été rédigé
par Baluze, bibliothécaire de Colbert. De nos jours nous
trouvons deux nouveaux recueils de capitulaires, l'un
est dû à Pertz et figure dans ses *Monumenta Germaniæ
historica*, l'autre a été commencé par Boretius et n'est
pas encore achevé.

CHAPITRE III

L'Eglise avait une constitution propre, il lui fallait également des règles particulières. Ces règles forment le *droit canonique* (du mot grec καντων, règle). Elles se réfèrent à l'organisation même de l'Église, à la hiérarchie, à la nomination des fonctionnaires, curés, évêques, patriarches, souverains pontifes ; à leurs devoirs et à leurs droits ; elles ont aussi pour objet les actes considérés comme compris dans le domaine religieux.

Au début, le droit canonique s'inspira de l'ancien et du nouveau testament (1). Il resta assez longtemps coutumier, puis fut écrit. Les plus anciens recueils de coutumes ecclésiastiques sont les *Constitutions apostoliques* qui remontent au IVe siècle et les *Canons des apôtres*, recueil très ancien composé de 85 règles attribuées aux apôtres et reconnues comme d'origine véritablement apostolique par un concile de Constantinople tenu en 692. Le concile était œcuménique pour l'Eglise grecque ; aussi l'authenticité des 85 canons

---

(1) La règle de l'ancien droit : *testis unus, testis nullus* est formulée dans Saint Jean et Saint Mathieu : « *Et in lege vestrà scriptum est quia duorum hominum testimonium verum est* » *Saint Jean*, VIII, 17. La dîme a son origine dans l'ancien testament et remonte au partage de la terre promise.

devient-elle une vérité fondamentale en Orient. Il n'en fut pas de même en Occident où on les considéra long-temps comme apocryphes. Ils passèrent cependant dans la collection de Denys le Petit dont nous parlons plus loin et participèrent au succès de cet ouvrage (1).

Le droit canonique *écrit* est représenté par les dé-cisions des conciles et les décrétales des papes.

Les recueils de droit canonique qui ont été en vi-gueur en France, à partir des Carolingiens sont : 1° la collection du moine Denys le Petit ou *codex canonum ecclesiæ romanæ* ; 2° la *collectio isidoriana* ou *hispana* ; 3° les *fausses décrétales*.

1° Codex canonum ecclesiæ romanæ. — L'ou-vrage de Denys le Petit (*Dionysius exiguus*) comprend deux parties. La première composée de canons con-tient les cinquante canons des apôtres, dont nous ve-nons de parler, les canons des Conciles de Nicée, An-cyre, Néocésarée (etc.). La seconde renferme des décrétales dont la plus ancienne a pour auteur le pape Sirice. Cette collection reçut, après le moine Denys le Petit, des accroissements et des modifications. En l'année 774, le pape Adrien l'envoya à Charlemagne. On l'appela alors la *Collectio Hadriana*. Elle jouit en France d'une autorité considérable, et fut regardée comme le véritable *Codex canonum ecclesiæ gallicanæ*.

---

(1) Hincmar, archevêque de Reims éleva, au IX° siècle, des doutes sur l'origine apostolique des canons. A partir du XVI° siècle on reconnaît généralement qu'ils ne sont pas authen-thiques.

En 1687, Louis XIV la faisait encore imprimer au Louvre.

2° **Collectio Isodoriana**. — Elle fut rédigée en Espagne, au VIIe siècle. Elle renferme les canons des conciles africains, gaulois et espagnols et un grand nombre de décrétales des papes, empruntées pour la plupart à la compilation de Denys le Petit. Cette collection attribuée à St Isidore de Séville, devint célèbre et fut connue en France.

3° **Collection pseudo-isidorienne** dite **Fausses décrétales**. — Elle appartient au IXe siècle. Son auteur prend le nom d'*Isidorus Mercator*. Elle renferme une foule de documents apocryphes, parmi lesquels se trouvent les *canons des apôtres*, la *donation de Constantin* et des *décrétales supposées*. On y rencontre aussi des documents authentiques, pris dans les deux recueils dont nous venons de parler.

Cette collection incontestablement plus riche que les autres, a soulevé de vives controverses parmi les savants, non pas en ce qui concerne le caractère apocryphe de la plupart des documents, tout le monde est aujourd'hui d'accord sur ce point ; mais sur le but que se proposait son auteur. Celui-ci amoindrit la puissance du métropolitain vis-à-vis des membres de son clergé, défère au pape *omisso medio* et non plus comme autrefois aux conciles provinciaux, le droit de juger les évêques, enfin, ne permet la réunion des synodes qu'avec l'autorisation du souverain pontife. Le résultat atteint a été l'exaltation des pouvoirs de la papauté.

12.

L'auteur du recueil a voulu probablement, à l'époque de grandes crises où l'on se trouvait, développer l'esprit religieux, épurer les mœurs, réglementer le culte et raffermir la disciple ébranlée.

On suppose que les *Fausses décrétales* sont de *Benedictus Levita* et que la collection n'a été faite ni à Rome, ni en Espagne, comme on l'a cru longtemps, mais dans l'empire franc, et très probablement à Mayence.

Les Fausses décrétales ont joui pendant longtemps en France d'une très grande autorité. Ce succès s'explique par l'absence de contrôle et de critique littéraire, à cette époque.

CHAPITRE IV

LÉGISLATION COUTUMIÈRE.

SECTION PREMIÈRE

DIVISION DE LA FRANCE EN PAYS DE DROIT ÉCRIT ET PAYS DE DROIT COUTUMIER.

Le système de la *personnalité de la loi* dont nous avons parlé plus haut était appelé à disparaître assez vite et devait être peu à peu remplacé par le système de la *territorialité des lois*. Le croisement des races en confondant toutes les nationalités ne permit bientôt plus de reconnaître la nationalité d'origine. D'autre part, les lois elles-mêmes finirent par se mêler et il s'établit avec le temps une législation qui gouverna tout le monde sans distinction de races. Charlemagne avait déjà facilité l'avènement de la *territorialité* par ses capitulaires obligatoires pour tous les sujets de l'Empire. La féodalité porta le dernier coup à la *personnalité* de la loi en donnant à chaque feudataire le pouvoir législatif, la justice et l'administration, dans l'étendue de sa seigneurie.

Le morcellement de la souveraineté au profit des seigneurs empêcha, au début, la formation d'une législation fixe et stable ; mais, avec le temps, des *coutumes* s'établirent. Les éléments qui servirent à les constituer furent le droit romain, les coutumes germaniques et les besoins nouveaux engendrés par un état social nouveau.

Le midi de la France, où la population romaine était restée plus nombreuse, fut régi naturellement par des coutumes inspirées du droit romain. Le *Bréviaire d'Alaric* avait cessé d'être appliqué comme législation officielle ; mais la plupart de ses dispositions passèrent dans la coutume. Au XIIe siècle, les compilations de Justinien commentées dans les villes lombardes par l'école des *glossateurs* pénétrèrent en France. Le midi reçut comme législation écrite ce droit romain qu'il possédait déjà en partie à titre de droit coutumier.

Dans le nord de la France, l'influence romaine se fit très peu sentir. Plus souvent envahie par les barbares, cette région où la population gallo-romaine avait fini par devenir très clairsemée s'était imprégnée fortement des traditions germaniques. Des recueils spéciaux pour les gallo-romains n'avaient jamais été rédigés, comme dans le midi ; aussi, l'unification et la fusion juridique se firent-elles, dans cette partie de la France, au profit du droit germanique.

Les pays plus particulièrement soumis au droit romain s'appelèrent *pays de droit écrit*, les autres *pays de droit coutumier*. Cette distinction déjà admise au XIIIe siècle tire son nom de ce que la législation romaine, même à l'époque où elle n'existait plus qu'à titre de coutume, avait été écrite à l'origine, tandis que le droit germanique était entré en Gaule à l'état d'usages transmis verbalement. Quand, plus tard, ces usages furent écrits dans la *loi salique* et *la loi des Francs ripuaires*, on n'oublia pas leur caractère primitif. D'un autre côté ces deux lois renfermaient surtout, comme nous l'avons vu, des dispositions pénales. La complexité des rapports qu'entraîne une civilisation plus avancée amena la création de coutumes qui se formèrent d'elles-mêmes, en dehors de toute origine germanique.

La ligne de démarcation entre les pays de droit écrit et les pays de droit coutumier est assez difficile à indiquer avec précision. On peut, cependant, tracer une ligne séparative assez exacte en partant des *îles de Ré et d'Oléron*, en coupant la *Saintonge* dans sa partie nord, en passant immédiatement au-dessus du *Périgord et du Limousin*, en traversant l'*Auvergne* à peu près par le milieu, en longeant le *Mâconnais et le Beaujolais* englobés dans les pays de droit écrit et en s'arrêtant à la ville de *Gex*. Au-dessus et au-dessous de cette ligne se trouvaient des régions de droit écrit et de droit coutumier formant comme des îlots. D'autre part, les coutumes de droit écrit n'étaient pas toujours la reproduction pure et simple du droit romain. Ainsi, la coutume de Bordeaux renfermait des traces de droit germanique très sensibles (1). Enfin, même dans le Nord de la France, le droit romain s'appliquait dans certaines matières comme les *contrats* et quand, dans les coutumes, on rencontrait quelque lacune, on avait l'habitude de recourir au droit romain considéré géné-

---

(1) Viollet, *loc. cit.*, p. 126.

ralement, non comme loi obligatoire, mais comme
étant « *la raison écrite* ».

SECTION II

RECUEILS ANTÉRIEURS A LA RÉDACTION OFFICIELLE
DES COUTUMES OU COUTUMIERS.

L'absence d'une législation officielle écrite avait de
graves inconvénients. Dans les contestations judiciaires, les parties en cause, pour allonger les procès et
augmenter les frais et dépens de l'advrsaire, pouvaient
demander à prouver certaines coutumes. D'autres, afin
d'obtenir gain de cause, soutenaient qu'il existait des
coutumes contraires, et les faisaient varier suivant les
besoins de leur cause.

La preuve de la coutume s'établissait au moyen des
enquêtes par turbes (*per turbam*). La turbe était une
espèce de jury composé des anciens du pays dont on
recueillait le témoignage. Elle comprenait ordinairement dix personnes. L'affirmation de deux turbes con-
cordantess juges liait le.

Pour faciliter la tâche des magistrats, quelques praticiens, généralement des officiers de justice, rédigèrent
des ouvrages où ils retracèrent l'état d'une coutume à
une époque déterminée. Il semble que les rois aient en-
couragé leurs travaux. Quoi qu'il en soit, c'est dans le
domaine royal que furent composés, pour la première
fois, ces ouvrages qui prirent le nom de *coutumiers* (1)
et n'eurent jamais qu'un caractère privé.

(1) Ginoulhiac, *loc. cit.*, p. 572.

Les principaux coutumiers sont :

Le **Conseil à un Ami**, de *Pierre de Fontaines*, bailli de Vermandois. L'ouvrage est de 1253 ; il aurait été composé, sur le désir de Saint Louis, pour son fils qui devait être, plus tard, Philippe le Hardi. L'auteur traduit surtout le *Digeste* et le *Code* et nous donne peu de renseignements sur le droit coutumier. Néanmoins, cet ouvrage, le plus ancien de ce genre qui nous soit parvenu, renferme quelques précieuses indications sur les règles de la procédure féodale, les droits du roi, le droit civil (etc.).

Le livre de Jostice et Plet. — Ce coutumier émane de l'école d'Orléans. Il est du XIIIe siècle. L'auteur qui est inconnu y mélange le *droit canonique*, le *droit romain* et le *droit coutumier*. Cet ouvrage doit être consulté avec prudence, car l'auteur, pour donner probablement plus de crédit à son œuvre, remplace les dénominations du texte romain par des qualifications modernes. Pour lui, le *préteur* devient le *prévôt*, l'empereur *Adrien* devient le *roi Louis*. On suppose que ce livre est un cours de professeur.

Les Établissements de Saint Louis. — Malgré son titre, cet ouvrage n'émane pas de Saint Louis. C'est ce que M. Paul Viollet a démontré victorieusement. Le jurisconsulte inconnu auquel nous devons ce recueil a dû le rédiger après la mort de Saint Louis, entre le 8 novembre 1272 et le 19 juin 1273. Ce qui a fait croire pendant longtemps que les Établissements étaient un ouvrage officiel émanant du roi est le préambule, en forme d'ordonnance de promulgation, où l'auteur fait parler Saint Louis comme s'il avait lui-même rédigé l'ouvrage. En outre, le livre 1er renferme l'*ordonnance abolissant le duel judiciaire* et *une autre ordonnance* de Saint Louis. Le reste de l'ouvrage contient une *coutume de Touraine-Anjou* et une *coutume de l'Orléanais.*

Malgré leur caractère purement privé, les *Établissements* ont été très répandus et très appréciés au moyen âge.

Les coutumes de Beauvoisis, de *Philippe de Beaumanoir.* — Philippe de Remi, sire de Beaumanoir, était bailli du comte de Clermont. Son ouvrage est le coutumier français le plus important et le plus remarquable du XIIIe siècle. Le livre date de 1283. Beaumanoir avait l'esprit très large pour son époque, et des sentiments de douceur et d'humanité qu'on ne connaissait guère alors. Il se montre l'adversaire de la féodalité et le défenseur du pouvoir royal. Il s'élève contre le servage, il ne croit pas à la sorcellerie. Montesquieu a appelé Beaumanoir la grande lumière de son époque. L'ouvrage très complet embrasse toutes les branches de la législation : le droit public, le droit privé, le droit criminel, la procédure. On pourrait, cependant, lui reprocher l'absence d'ordre ou de méthode dans l'exposition. Bien que l'auteur ne mentionne pas le droit canonique et le droit romain, il doit les mettre quelquefois à contribution.

Le Grand Coutumier de Normandie. — Nous en avons deux textes, l'un en latin, l'autre en français. Cet ouvrage a été rédigé vers la fin du XIIIe siècle. Il renferme le droit normand pur. Il a eu la bonne fortune d'être accepté, d'un consentement unanime, comme texte officiel, par les juridictions normandes, ce qui eut pour effet de retarder la rédaction prescrite par l'ordonnance de Montil-les-Tours. Aujourd'hui encore, ce recueil forme la législation dans les îles normandes de *Jersey*, *Guernesey*, *Aurigny* et *Serk*.

La très ancienne coutume de Bretagne. — OEuvre privée comme la précédente et, comme elle, élevée peu à peu au rang de texte officiel. Elle est du XIVe siècle. Les trois Bretons qui ont rédigé cette coutume n'ont pas ménagé les emprunts au droit romain et au droit canonique (1).

Le Grand Coutumier de France, rédigé vers la fin du XIVe siècle, par Jacques d'Ableiges, secrétaire du duc de Berri et, plus tard, bailli de Chartres, puis d'Évreux. C'est une compilation où les éléments les plus variés se trouvent réunis. On y rencontre notamment des règles sur la procédure du Parlement de Paris et le droit féodal de l'Ile-de-France.

On peut citer encore, la *Somme rural*, de *Jehan Boutillier*, jurisconsulte de Tournai, la *Practicā forensis de Jean Masuer*, les *Décisions de Jean Desmares* (etc.).

(1) Viollet, *loc. cit.*, p. 161.

13

En dehors des Coutumiers à proprement parler, il convient de mentionner, comme recueils à consulter pour la connaissance du droit coutumier écrit, les *registres des cours souveraines* et des juridictions infé-rieures, notamment les *Olim*, ouvrage formant les quatre premiers registres du Parlement de Paris (1), et comprenant des arrêts rendus de l'année 1254 à l'année 1318 ; le *Registre de l'Échiquier de Normandie*; le *Registre criminel du Châtelet de Paris* (etc.).

SECTION III

RÉDACTION OFFICIELLE DES COUTUMES.

Les coutumiers, à cause de leur caractère privé, n'empêchaient pas les inconvénients auxquels donnait lieu l'absence de rédaction officielle des coutumes.

---

(1) « C'est vers 1263 que le greffier du Parlement, Jean de Montluçon, commença la rédaction du premier *Olim*. Son tra-vail consista à copier sur des cahiers ou à résumer les déci-sions anciennes remontant à l'année 1255 (il prit en plus une décision du 20 novembre 1254), qui étaient écrites sur des rou-leaux, sur des *rôles* : car, avant Jean de Montluçon, les greffiers du Parlement, qui semblent n'avoir pas eu de registres, se ser-vaient de rouleaux de parchemins, appelés *rôles*.

« Montluçon commença donc par réunir, copier et résumer d'anciens *rôles*, je dis résumer : il arrive fort souvent qu'il ne copie pas tout, et il l'avoue lui-même : « *invenies in rotulo quia nimis est longum*, dit-il lui-même, dans un moment où fatigué, il renonce à donner l'arrêt tout entier.

« Nicolas de Chartres succéda à Jean de Montluçon, et con-tinua son œuvre ». Viollet, *loc. cit.*, p. 137.

La qualification d'*Olim* vient du premier mot par lequel com-mence le second registre. « *Olim homines de Baiona* (etc.) ».

Pour satisfaire l'opinion publique, Charles VII prescrivit cette rédaction officielle dans l'article 125 de l'ordonnance de *Montil-les-Tours*, en 1454. Le roi déclare qu'il veut diminuer les frais, « *abréger les procez et litiges d'entre ses sujets..... ôter toutes matières de variations et contrarictez* dans les jugements. L'article 125 indique la procédure à suivre : les praticiens et les anciens du pays devaient s'entendre et mettre en écrit les coutumes, usages et stiles (1) ; la rédaction devait être ensuite soumise aux membres du *Grand-Conseil* ou du *Parlement*. Après examen, elle était décrétée officiellement par le roi. Le Parlement, les baillis, sénéchaux et autres juges, ne devaient désormais plus recevoir de preuves en dehors de la coutume ainsi rédigée.

Le travail avança très lentement. Sous Charles VII et Louis XI on ne termina la rédaction d'aucune grande coutume. A la mort de Louis XI, les États généraux demandèrent qu'on accomplît « ce qui par le roi Charles VII avait été avisé et ordonné. » Sous Charles VIII, plusieurs coutumes furent promulguées et *une ordonnance de 1497 imagina une procédure plus expéditive*. Les cahiers rédigés par les officiers de justice royaux, les praticiens et les notables du pays, étaient transmis au roi, qui désignait des commissaires choisis parmi les membres des Parlements. Les commissaires se transportaient sur place et arrêtaient la rédaction définitive, après discussions contradictoires dans des assemblées où figuraient les représentants des trois

(1) Formules de procédure.

ordres : seigneurs laïques et ecclésiastiques, officiers municipaux des villes, syndics des campagnes, hommes de lois et praticiens (1). En cas de contestation le Parlement tranchait la difficulté soulevée par les articles qui étaient *réservés*.

Cette procédure activa le travail. La coutume d'Orléans fut promulguée en 1509, celle de Paris en 1510, celle de Bretagne en 1539.

Malgré les soins apportés, la rédaction laissa généralement à désirer. Les coutumes renfermaient des lacunes ou des articles obscurs. Aussi, sous le règne de Henri II et de Henri III, s'occupa-t-on sérieusement de les réformer. La coutume de Paris et celle de Bretagne furent révisées en 1580, celle d'Orléans en 1583.

Malgré la défense de prouver les coutumes autrement que par leur rédaction écrite, les *enquêtes par turbes* subsistèrent jusqu'à l'ordonnance sur la procédure de 1667. Elles avaient leur utilité, lorsque leur objet était d'établir l'existence d'une nouvelle coutume introduite depuis la rédaction (2).

SECTION IV

COMMENTATEURS DU DROIT COUTUMIER.

La rédaction officielle facilita l'unification du droit coutumier en faisant disparaître un certain nombre de petites coutumes ; elle fixa la législation. Elle eut

(1) Esmein à son cours.
(2) Guy Coquille, *Coutumes du Nivernais*, p. 3.

aussi pour conséquence de faire éclore des commentaires dont quelques-uns sont très remarquables.

Les principaux commentateurs du droit coutumier sont, au XVIᵉ siècle, *du Moulin, d'Argentré, Guy Coquille*.

Charles du Moulin ou du Molin naquit à Paris en l'an 1500. Il fut d'abord avocat au Parlement ; mais sa prononciation était difficile ; il se retira et s'adonna tout entier à l'étude. Ce jurisconsulte respectueux de la royauté était l'adversaire acharné de la féodalité et des idées ultramontaines. Il fit un commentaire sur le titre 1ᵉʳ *de fiefs* de la coutume de Paris, celle de 1510. Cet ouvrage publié en 1539 eut un très grand succès et servit de modèle à tous les autres ouvrages du même genre. Du Moulin publia également des *apostilles* ou notes sur toutes les coutumes de France. Il demanda une codification générale pour mettre fin aux divergences et aux contradictions. Comme interprète du droit romain il fit un traité intitulé « *Extricatio labyrinthi dividui et individui* ». Cet ouvrage, résumé au XVIIᵉ siècle par Pothier, sert de base à notre théorie des obligations divisibles et indivisibles, dans le Code civil (1). — Du Moulin a combattu la prohibition du prêt à intérêt dans son *Tractatus contractuum et usurarum redituumque pecunia constitutorum*. Il a attaqué violemment la papauté dans son *Commentaire sur l'Édit des Petites dates* paru en 1552 et qui lui valut d'être condamné par le Parlement et emprisonné.

(1) Art. 1217 à 1225.

Le style de du Moulin est incorrect et barbare ; il faut du courage pour aborder la lecture de ses œuvres. Quant à l'homme, il était plein de suffisance et n'admettait pas qu'on pût avoir des opinions différentes des siennes. Malgré ses défauts, il n'en est pas moins un jurisconsulte des plus remarquables. Il mourut en 1566.

Bertrand d'Argentré. — Ce jurisconsulte, qui appartenait à une ancienne famille de Bretagne et jouissait d'une grande fortune, défendit la féodalité avec la même ardeur que du Moulin mettait à l'attaquer. Il naquit en 1519 et fut président du présidial de Rennes. Inférieur à son rival sous le rapport de la doctrine, il l'emporte au point de vue de la forme. Il commenta en grande partie la coutume de Bretagne rédigée en 1539. Son ouvrage est intitulé : *B. Argentræi, Commentarii in patrias Britonum leges, seu consuetudines antiquissimas ducatus Britanniæ.* Ce commentaire a été consulté avec fruit lors de la revision de la coutume de Bretagne. D'Argentré mourut en 1590.

Guy Coquille. — Guy Coquille, sieur de Romenay, naquit à Decise, dans le Nivernais, en 1523. Il étudia le droit à Paris et à Padoue. Il fut député aux États d'Orléans, en 1560, puis échevin de Nevers et procureur général du fisc. Élu de nouveau député aux États tenus à Blois en 1575 et en 1588, il s'y fit remarquer par ses lumières et sa sagesse. Au point de vue religieux, Guy Coquille défendit les libertés de l'Église gallicane contre les empiètements de la papauté. Ses principaux ouvrages ont pour titres : *Commentaires et*

annotations sur les coutumes des pays et duché de Nivernais, — l'Institution au Droit français, œuvre dans
laquelle il se montre un des premiers généralisateurs
de notre droit, — Questions, Réponses et Méditations
sur les coutumes de France. Le style de Guy Coquille
est simple, facile et clair, son jugement était droit et sûr,
ce qui lui a valu la qualification de judicieux Coquille
que lui donne Loisel. En dehors de ses travaux juridiques, il écrivit des poésies assez remarquables et
traduisit le 9e livre de l'Odyssée. Il mourut en 1603.

A la fin du XVIe siècle et au commencement du
XVIIe, nous trouvons à citer comme jurisconsulte coutumier :

Antoine Loisel, né à Beauvais en 1536, mort en
1617. Il fut avocat à Paris où il passa la plus grande partie
de sa vie. On lui doit des Institutes coutumières, ouvrage
où la science juridique est condensée en axiomes et
proverbes. Les Institutes de Loisel ont été publiées
pour la première fois en 1607 avec l'Institution au
droit français de Guy Coquille. Loisel, dans la préface
de son livre, insiste vivement sur les avantages que
présenterait une législation uniforme dans toute la
France (1).

Au XVIIe siècle, **Guillaume de Lamoignon**, premier président du Parlement de Paris, frappé comme
Loisel et avant lui du Moulin des divergences qui existaient entre les coutumes et des difficultés qui en ré-
sultaient d'une province à l'autre, réunit, avec l'approbation du roi, une commission composée d'avocats et

(1) Viollet, loc. cit. p. 179.

de magistrats, afin de rédiger un véritable Code civil ; mais des difficultés ayant surgi, les membres de la commission se séparèrent. Toutefois, les jurisconsultes Barthélemi Auzanet et Fourcroy terminèrent le travail commencé qu'ils publièrent sous le nom de : *Arrêtés du Président Lamoignon*. L'affranchissement général des serfs fait l'objet de l'art. 1ᵉʳ des *Arrêtés*. Les rédacteurs du Code civil ont dû consulter cet ouvrage.

Un autre traité remarquable, du XVIIᵉ siècle, est celui qui est intitulé : *Les lois civiles dans leur ordre naturel*, de **Jean Domat**. Ce savant jurisconsulte est né à Clermont-Ferrand en 1625 ; il y fut avocat au siège présidial. C'est là qu'il se lia d'une grande amitié avec Pascal auprès duquel il a probablement puisé sa manière philosophique d'envisager le droit (1). L'œuvre de Domat n'a pas été sans influence sur les jurisconsultes du XVIIIᵉ siècle, notamment sur Pothier. Les rédacteurs du Code civil s'en sont inspirés sur plusieurs points.

Au XVIIIᵉ siècle il convient de citer l'œuvre législative du chancelier **Daguesseau**, qui consiste dans la rédaction des ordonnances sur les *donations* (1731), sur les *testaments* (1735), sur les *substitutions* (1747). Plusieurs dispositions de ces ordonnances ont passé dans notre Code civil.

Le plus illustre des jurisconsultes du siècle dernier, le plus populaire, est **Joseph Robert Pothier**, né à Orléans en 1699. Professeur à l'Université de sa ville na-

_____

(1) Ginoulhiac, *loc. cit.*, p. 789.

tale, il ne fit pas, comme Domat, un grand travail
d'ensemble, mais une série de *traités* comprenant toutes les parties du droit civil, notamment les *contrats*.
Pothier a composé ses traités selon les règles *tant du
for de la conscience que du for extérieur*, c'est-à-dire en
puisant dans son propre jugement aussi bien que dans
la loi positive et les œuvres de ses devanciers. Il est
clair, précis, méthodique, mais manque un peu d'élé-
vation et d'originalité. Les rédacteurs du Code civil
ont puisé très largement dans les œuvres de Pothier.
En ce qui concerne le droit romain on lui doit une
compilation dont nous parlerons plus loin (1).

(1) Citons enfin, pour n'oublier aucun des jurisconsultes de
valeur des XVII⁰ et XVIII⁰ siècles, les noms de *Lebrun, Re-
nusson, Bourjon* et *Furgole.*Ce dernier fut associé par Daguesseau à la rédaction des trois grandes ordonnances mentionnées
ci-dessus.

CHAPITRE V

Nous avons vu que, de bonne heure, le droit romain, celui du Bréviaire d'Alaric et du Papien avait passé à l'état de coutume et nous avons dit qu'une renaissance du droit s'était opérée au XIIᵉ siècle dans les villes lombardes. L'école qui se forma alors, et dont le siège était à Bologne, entreprit l'étude directe des compilations de Justinien. Dès avant cette époque, l'influence de la législation justinienne s'était fait sentir dans quelques capitulaires et surtout dans le droit ecclésiastique ; mais aucun commentaire, aucun travail d'ensemble n'en avaient été entrepris. Un seul ouvrage de droit romain un peu important avait été publié, avant le XIIᵉ siècle, les *Petri exceptiones legum romanarum*. Cette œuvre, qui nous fait connaître le droit en vigueur au XIᵉ siècle dans le Comté de Valence et dans le Dauphiné, renferme des éléments empruntés au droit romain de Justinien, au droit germanique et au droit ecclésiastique.

Ecole des Glossateurs. — Le plus ancien romaniste de l'École de Bologne dont le nom nous soit parvenu est **Irnerius** ou *Warnerius* qui enseigna dans la première moitié du XIIᵉ siècle. Après lui, ses disciples immédiats, les quatre docteurs : *Martinus*,

Bulgarus, *Jacobus* et *Hugo*, continuèrent son enseignement qui se développa, franchit la limite de la Lombardie et se répandit dans les autres pays.

Placentin vint d'Italie professer à Montpellier, où il mourut en 1192. Un peu plus tard, **Azo** après avoir enseigné à Bologne enseigna également à Montpellier. La science apportée par eux fructifia un peu partout en France, dans le nord comme dans le midi. Nous trouvons au XIIIe siècle, **Jacques de Revigny** (*Jacobus de Ravanis*), né près de Bar-le-Duc. Il fut professeur à Toulouse et le maître de **Pierre de Belleperche** (*Petrus de Bellapertica*). Ce dernier professa à Toulouse, puis à Orléans ; il mourut en 1308 (1).

Pendant ce temps, l'enseignement de la législation justinienne continuait à fleurir en Italie. **Accurse** né à Bologne où il mourut vers 1260, écrivait sa grande glose, *glossa ordinaria* de tout le droit de Justinien (2).

---

(1) Jacques de Revigny et Pierre de Belleperche furent l'un et l'autre évêques, l'un de Verdun, l'autre d'Auxerre. Le second fut en outre chancelier de France sous le règne de Philippe le Bel dont il était le confesseur.

(2) En marge des textes interprétés, Accurse a résumé les annotations de tous les glossateurs. Au XVIe siècle, Rabelais suivant probablement, sur ce point, l'opinion de ces contemporains malmène vivement les glossateurs et notamment Accurse. « Au monde, dit Pantagruel, n'y ha livres tant beaulx, tant aornez, tant élégans, comme sont les textes des Pandectes; mais la bordure d'iceuls, c'est assavoir la glose de Accurse est tant salle, tant infame et punaise, que ce n'est qu'ordure et villenie ». (*Rabelais*, liv. II, chap. V).

Au XIVe siècle, nous trouvons **Bartole** (*Bartolus
a saxo ferrato*), professeur à Pise, en 1340. Au lieu
de s'attacher strictement au texte, comme ses prédé-
cesseurs, il imagina des théories nouvelles qui s'écar-
taient sensiblement du commentaire étroit des Pandectes.

Les Romanistes de Bologne ont reçu le nom de
glossateurs. Cette qualification vient du commentaire
des mots les plus importants que les jurisconsultes de
de cette école plaçaient entre les lignes du texte étudié (d'où le nom de *gloses interlinéaires*), ou bien en
marge (*gloses marginales*). La méthode des glossateurs
était l'*exégèse*, c'est-à-dire l'analyse mot à mot de
l'œuvre étudiée.

En dehors des gloses, à proprement parler, les glossateurs ont mis également en usage les *Brocarda* ou
règles brèves du droit romain destinées à faire retenir
plus facilement les principes. Enfin ils ont fait aussi
des *sommes* ou traités étendus, rédigés méthodique-
ment.

L'œuvre des glossateurs comprend l'étude des *Institutes*, du *Digeste*, du *Code* et des *Novelles*. Ces ont eux
qui ont traduit cette dernière compilation du grec en
latin. Ils avaient divisé le Digeste en trois parties : le
Digestum vetus, l'*Infortiat* (partie qui renforce la première) et le *Digestum novum*. Un des manuscrits du
Digeste provenait de la ville de Florence, d'où le nom
qu'il reçut de « *pandectes florentines* » (1). A ce texte

---

(1) Nous savons que l'ouvrage est intitulé : *Digeste* ou *Pandectes*.

on en opposa un autre que les glossateurs paraissent avoir plus particulièrement connu, c'est la *Vulgate*, manuscrit très différent du premier, plus complet et qui a dû être établi d'après des manuscrits originaux.

L'école de Bologne a réalisé un progrès sérieux en abordant l'étude directe des textes, mais les résultats obtenus auraient été bien plus considérables si les glossateurs avaient été moins ignorants, s'ils avaient éclairé l'œuvre de Justinien avec les lumières que leur fournissaient les historiens et littérateurs latins. Ils connaissaient si peu l'histoire romaine que l'un d'eux plaçait le règne de Justinien avant la naissance de Jésus-Christ et c'est ainsi qu'il expliquait pourquoi cet empereur ne s'était pas servi de l'ère chrétienne.

CHAPITRE VI

LES ROMANISTES DU XVIe SIÈCLE.

Au XVIe siècle, une seconde renaissance du droit romain se produit. **Alciat** passe pour chef de cette nouvelle école de romanistes (1). Né près de Milan en 1492, il professa en France et en Italie. Il montra combien l'étude du droit pouvait être fécondée par la littérature et l'histoire. Les lois sont la conséquence de l'état social à un moment déterminé et des événements historiques. L'étude des œuvres de Tite-Live, Tacite, Cicéron (etc.), devait rendre aux jurisconsultes d'immenses services.

Alciat a préparé les voies au plus grand jurisconsultes du XIVe siècle, à *Cujas*.

Jacques Cujas né à Toulouse en 1522, ouvrit à 25 ans un cours particulier d'Institutes dans sa ville natale. Il enseigna ensuite à Cahors puis à Bourges où deux autres romanistes Duaren et Doneau, furent non seulement ses émules, mais ses adversaires passionnés. Il finit par quitter Bourges et alla enseigner à Valence, puis à Turin. En 1575 il revint à Bourges qu'il ne devait désormais plus abandonner.

Le talent de Cujas était tel qu'à chacun de ses dé-

(1) Qui prit le nom *d'école historique* ou *des humanistes*.

placements la majeure partie de ses élèves le suivait.

Ses œuvres forment dix volumes et comprennent des notes sur les *Institutes*, des commentaires sur les *questions* et *réponses* de Papinien, sur le livre de Paul *ad edictum*, sur les textes d'Africain, de Julien, de Modestin épars dans le Digeste (etc.). Comme les glossateurs, il employait la méthode exégétique « qui si elle est moins scientifique, attache l'esprit à la lettre de la loi et la respecte davantage » (1). Nul mieux que lui, a dit M. Esmein à son cours, n'a éclairé l'étude de la législation de Rome par les recherches historiques et scientifiques.

Mentionnons encore, parmi les romanistes du XVIᵉ siècle et des deux siècles suivants : **François Hotman**, né en 1524, dont les œuvres (*Epitomata in Pandectas, Disputationes, Commentaire sur les Institutes*), si remarquables qu'elles soient, n'approchent pas de celles de Cujas ; **Doneau** (2) qui a laissé des traités sur plusieurs titres du Digeste et du Code et dont la méthode était la synthèse ; **Jacques Godefroy** (3) auteur d'un commentaire consulté encore avec fruit, de nos jours, sur le *Code de Théodose* ; enfin, **Pothier** qui, comme Doneau, a essayé de synthétiser le droit romain dans son ouvrage intitulé ; *Pandectæ Justinianeæ in novum ordinem digestæ*. Dans chaque titre Pothier a déplacé avec habileté les textes pour leur donner

(1) Ginoulhiac, *loc. cit.*, p. 776.
(2) 1527-1591.
(3) 1582-1652.

plus de cohésion ; il a même fait passer certains textes d'un titre où ils n'étaient pas à leur place dans un autre titre où ils s'adaptaient mieux ; puis, il a résumé le Digeste entier sous forme de notes succinctes et substantielles.

CHAPITRE VII

On peut remarquer qu'aucun des jurisconsultes que
nous venons d'indiquer n'a enseigné le droit romain à
Paris. C'est que, dans cette ville, l'étude du droit romain avait été prohibée dès l'année 1219, sous le règne
de Philippe-Auguste, par une *décrétale du Pape Honorius III*. La contravention à cette défense devait entraîner l'excommunication. Un peu plus tard, en 1254,
une bulle d'Innocent IV étendit la prohibition à d'autres contrées.

Les deux Papes justifient leur interdiction en faisant
remarquer que dans l'Ile-de-France et d'autres provinces, les lois romaines ne sont pas en vigueur, que le
droit canonique dont l'étude doit être encouragée suffit
pour juger toutes les affaires ecclésiastiques ; enfin, que
le droit romain, à cause de la malignité humaine peut
être une source de confusion dans les canons et les
coutumes. Ces actes de la Papauté nous montrent le
rôle important que jouait en France le *droit canonique*.
Partout il était enseigné dans les Universités ; aussi
son influence était-elle très grande. C'est au droit canonique que l'on doit la substitution de la procédure
écrite à la vieille procédure orale ; on lui doit également

la prohibition du prêt à intérêt. Dans toutes les affaires où l'Eglise avait, *ratione materiæ*, une compétence à l'égard des laïques, c'est ce droit qui était appliqué. Quand les ordonnances royales eurent sécularisé plusieurs matières, notamment tout ce qui concernait les rapports pécuniaires des époux, ainsi que la séparation de corps (*a toro et mensa*), on continua de recourir à la loi ecclésiastique.

Nous avons cité plusieurs recueils de droit canonique antérieurs au XIIᵉ siècle (p. 207). A ces recueils il convient d'ajouter une collection nouvelle, le *Corpus Juris canonici* composé d'éléments rédigés à des époques différentes et dont le plus ancien est le *Décret de Gratien*.

Décret de Gratien.— *Gratien* était moine de l'abbaye de Bologne. Il écrivit son *Décret* vers le milieu du XIIᵉ siècle. L'ouvrage est divisé en trois parties. La première est consacrée aux sources du droit et aux personnes ecclésiastiques; la deuxième renferme trente-six *causes* ou espèces sur la procédure (droit des évêques, juridictions, appel, compétence civile et ecclésiastique pour les clercs, etc.) ; la troisième intitulée : *de consecratione* a pour objet la consécration des Eglises, le mariage, les sacrements, la liturgie (etc.).

Les sources auxquelles a puisé Gratien sont les *canons* des conciles, les *décrétales* des Papes et les *écrits des pères* de l'Église.

Vers la fin du XIIᵉ siècle, un recueil de décrétales et de canons destiné à compléter la collection de Gratien, fit son apparition ; c'est le *Breviarium* de Bernard de

Pavie. L'ouvrage est divisé en cinq livres résumés en un hexamètre :

Judex, judicium, clerus, connubia, crimen.

Quatre autres compilations vinrent s'ajouter à celle-ci, dans le courant du XIIIᵉ siècle. Il y eut bientôt une telle quantité de recueils, fréquemment en contradiction les uns avec les autres, que l'on finit par comprendre la nécessité de réviser toutes les collections. Le *Pape Grégoire IX* chargea de ce travail son chapelain Ramon de Pennafort.

Décrétales de Grégoire IX. — L'ouvrage fut appelé : *Décrétales de Grégoire IX*. Comme le Bréviaire de Bernard de Pavie, le recueil fut divisé en cinq livres. M. Viollet fait observer (1) qu'on peut assez justement comparer le Décret de Gratien au Digeste et les Décrétales de Grégoire IX au Code de Justinien.

Le premier livre des décrétales concerne les lois de l'Église, le second les tribunaux et la procédure, le troisième les affaires des clercs, le quatrième le mariage, le cinquième les crimes et les délits (*Judex, Judicium, clerus, connubia, crimen*).

Sexte. — A la fin du XIIIᵉ siècle, Boniface VIII fit un recueil des décrétales postérieures à Grégoire IX et les fondit dans un nouveau Code qu'on appela le *Sexte* (*liber sextus*), sixième livre ajouté aux cinq parties de la collection grégorienne. Mais, cet ouvrage n'est pas composé d'un seul livre comme son nom semble l'indiquer. Boniface VIII adopta dans sa collection la traditionnelle division en cinq livres.

(1) *Loc. cit.*, p. 60.

Clémentines. — Un peu plus tard, une nouvelle compilation parut ; elle comprenait les décrétales de Clément V et les canons du concile de Vienne en 1311, L'œuvre fut également divisée en cinq livres ; on lui donna le nom de *Clémentines*. Les clémentines ne furent achevées et envoyées aux Universités de Bologne et d'Orléans qu'en 1317, sous le règne de Jean XXII.

Les successeurs de Jean XXII promulguèrent eux-mêmes des décrétales. Pendant longtemps elles restèrent en dehors du recueil officiel du *Corpus Juris canonici* qui comprenait : le Décret de Gratien, — les Décrétales de Grégoire IX, — le Sexte, — les Clémentines.

Extravagantes. — En l'an 1500, on publia à la suite des Clémentines les décrétales nouvelles. On les divise en deux séries sous le nom d'*Extravagantes* (vagantia extra). La première série comprenait les *Extravagantes de Jean XXII*, la seconde les décrétales de ses successeurs ou *Extravagantes communes*. Elles vont jusqu'à Sixte IV.

Les *Extravagantes communes* sont divisées conformément à la vieille tradition, en cinq livres : « cette division est traditionnelle et non pas sérieusement réfléchie, car ici le quatrième livre manque, parce que ces *Extravagantes communes* ne contiennent rien de relatif au mariage (connubia). Cela n'a point embarassé Chappuis (le compilateur), et il a remplacé le texte absent du quatrième livre par cette mention : *Liber quartus vacat* » (1).

---

(1) Viollet, *loc. cit.* p. 62.

CHAPITRE VIII

LES ORDONNANCES ROYALES.

Les sources du Droit français ne se trouvent pas seulement dans les coutumes, le droit romain et la législation ecclésiastique, mais encore dans les actes de la royauté intéressant soit le royaume entier, soit le domaine royal et qu'on appelle les *Ordonnances* (1). L'importance des ordonnances est considérable, car dans l'étendue des limites où elles s'appliquent elles obligent tous les sujets et toutes les juridictions sont tenues de les observer.

Avant François Ier, les Ordonnances avaient, en général, un objet spécial et unique. Mentionnons notamment l'acte connu sous le nom de *Testament de Philippe-Auguste*, par lequel ce roi à son départ pour

---

(1) Les actes législatifs émanant de la royauté étaient les *Ordonnances* à proprement parler (qu'on appelait généralement aux XIIIe et XIVe siècles, *Établissements*), les *Édits* dont l'objet était plus restreint que celui des Ordonnances ; enfin les *Déclarations* qui avaient pour but d'interpréter, modifier, restreindre ou augmenter les dispositions d'un Édit. Ces différents actes étaient donnés dans la forme de *lettres patentes* expédiées en parchemin et ouvertes, à la différence des *lettres de cachets* ou lettres closes. Après le nom du souverain *par la grâce de Dieu roi de France* venait l'adresse : *à tous présents et à venir salut*, dans les Ordonnances et les Édits ; *à tous ceux que ces présentes verront salut* dans les déclarations. Voir Ginoulhiac, *loc. cit.*, p. 695.

la croisade, en 1190, réglementa l'institution des baillis et sénéchaux, l'ordonnance de Saint Louis abolissant le duel judiciaire, celle par laquelle le même roi établit un Règlement des arts et métiers, plusieurs ordonnances de Philippe-le-Bel sur la justice, la guerre, les monnaies et les finances (3), l'ordonnance de Louis X le Hutin relative à l'affranchissement des serfs du domaine royal, les ordonnances de Charles VII créant les armées permanentes (ordonnance d'Orléans, 1439) et réformant la justice (ordonnance de Montil-lès-Tours), la Pragmatique sanction de Bourges due également à ce prince. Nous avons eu l'occasion de parler de ces différentes dispositions législatives.

A partir du XVIe siècle, les ordonnances embrassent un champ plus vaste. Depuis François Ier jusqu'à Louis XIV, elles continuent comme auparavant à être rédigées par les chanceliers ou sous leur direction; elles ont aussi généralement pour but de donner une satisfaction partielle aux doléances des États généraux; c'est pourquoi elles touchent à un grand nombre de matières, sans beaucoup d'ordre.

L'*Ordonnance de Villers-Cotterets*, publiée par François Ier, en 1539, *sur le fait de la justice* est l'œuvre du chancelier Poyet. Elle abolit la juridiction ecclésiasti-

---

(1) Philippe le Bel, à l'instar de Philippe le Hardi voulut réglementer le luxe. « *Nulle bourgeoise n'aura char...* » « *Ainsi nulle damoiselle si elle n'est chastelaine ou dame de 200 livres de terre n'aura qu'une paire de robes par an.* » La valeur des robes est réglée d'après la qualité de chacun. La valeur de la table est également l'objet de dispositions spéciales. Ginoulhiac, *loc. cit.*, p. 708.

que en matière purement personnelle entre laïcs, laissant à cette juridiction les causes purement spirituelles et la matière des sacrements. Elle créa la *rédaction des actes de l'état civil* en obligeant les curés à tenir registres des baptêmes de toute personne et des décès des titulaires de bénéfices ecclésiastiques. A l'égard des décès, l'ordonnance se proposait d'empêcher un abus qu'avait rendu possible le Concordat de 1516 (1). Sur ce point, l'*ordonnance de Blois*, en 1579, compléta celle de Villers-Cotterets. Cette dernière exigea, en outre, l'insinuation ou transcription des donations, l'acceptation du donataire, si la libéralité était faite en son absence ; elle interdit les donations par les incapables au profit de leurs tuteurs ou curateurs. Plusieurs articles de notre Code civil ont été inspirés par ces dispositions. Enfin l'ordonnance de Villers-Cotterets remplaça partout la procédure publique par la procédure secrète empruntée aux juridictions de l'Église.

Sous les règnes de Charles IX et de Henri III, on

(1) Le concordat de 1516 (voir page 137) réservait au profit du pape le droit de *prévention*, c'est-à-dire le droit de nommer directement aux bénéfices vacants sans attendre la nomination par les collateurs ordinaires (les évêques, pour les bénéfices inférieurs). Ce droit donna lieu à un abus. Quand le titulaire d'un riche bénéfice venait à mourir, les ecclésiastiques désireux d'obtenir sa succession s'empressaient d'envoyer à Rome un courrier qui obtenait du pape la nomination désirée avant qu'en France le collateur ne connût le décès et ne désignât le nouveau titulaire. Pour atteindre ce résultat on avait grand soin de tenir la mort secrète aussi longtemps que possible. L'inscription du décès au registre, dans un délai restreint, eut pour but de faire connaître à tous les intéressés la vacance du bénéfice et d'empêcher ainsi la *prévention* exercée par surprise.

trouve plusieurs grandes ordonnances dues au chancelier Michel de l'Hôpital. La première en date est
celle d'*Orléans*, en 1560, rendue sur les doléances des
États généraux. Elle limite à deux degrés les substitutions fidéicommissaires, confie l'administration des
deniers patrimoniaux aux maires, échevins et conseillers des villes, défend aux juges de recevoir des cadeaux émanant des parties en cause (etc.).

Trois ans après fut rédigée l'ordonnance de novembre 1563, qui créa la *juridiction consulaire* (tribunal de
commerce) pour juger les procès entre marchands.
Elle fut suivie de l'*Édit de Roussillon*, publié la même
année (1) et qui, sur plusieurs points, compléta l'ordonnance d'Orléans.

L'ordonnance la plus remarquable, celle qui « dé-
passa d'un long entrejet tout ce qu'on avait fait jusqu'alors en France », est l'*ordonnance de Moulins*, en
1566. Parmi ses dispositions, figurent la [limitation de
l'autorité des gouverneurs de provinces et la restriction du droit de remontrance des Parlements. En droit
civil, elle n'autorise plus la preuve par témoins que
jusqu'à concurrence de cent livres (2), pour remédier
à des scandales qui avaient fait formuler à Loisel cette
maxime : « *qui mieux abreuve, mieux preuve* » (3).

---

(1) L'Édit de Roussillon a fait commencer au 1er janvier, l'année qui, jusqu'alors commençait à Pâques.

(2) Dans notre droit actuel, c'est 150 francs (art. 1341, c. civ.).

(3) Auparavant la preuve par témoins était la règle et cette
règle s'expliquait par cette circonstance que bien peu de personnes savaient écrire. On disait : *témoins passent lettres*. A
partir de l'ordonnance de 1566 on dit : *lettres passent témoins*.

La règle de l'ordonnance de Moulins, en matière de preuves a été complétée par l'ordonnance de Blois, et a passé dans notre Code civil (art. 1341 et suivants).

L'*Ordonnance de Blois* rendue, comme les précédentes, sur les doléances des États généraux, fut publiée en 1579. Elle défend l'usure et lui assimile le prêt à intérêt ; elle renouvelle l'interdiction de la décrétale d'Honorius III relative à l'enseignement du droit romain à Paris (1), enfin elle complète sur plusieurs points que nous avons indiqués, les ordonnances de Villers-Cotterets et de Moulins ; c'est ainsi, notamment, qu'en matière d'actes de l'état civil, elle prescrit la tenue de registres pour les mariages, et exige la publicité de la célébration ainsi que la présence du Curé et de quatre témoins.

L'ordonnance de 1629 connue sous le nom de *Code Michaud*, par corruption du nom de son auteur le Chancelier Michel de Marillac, a été inspiré par les vœux formulés dans les États de 1614. Les matières que comprennent ses quatre cent soixante et un articles sont nombreuses. Il convient de citer l'article 121 qui se réfère à l'exécution en France des jugements rendus à l'étranger et l'article 385 qui, formulant le principe : *Nulle terre sans seigneur*, rattache toutes les terres directement ou indirectement au roi qui est considéré comme le *souverain fieffeux* du royaume. Cette ordonnance renfermait quelques dispositions défavorables à la noblesse ; aussi rencontra-t-elle des

(1) Voir page 233.

résistances ; quelques Parlements seulement l'enregistrèrent. Elle tomba dans un véritable discrédit, après la condamnation de son auteur.

Les ordonnances rendues sous les règnes de Louis XIV et de Louis XV ont pour objet de codifier les matières importantes du droit. Les États généraux sont étrangers à leur rédaction ; l'initiative en émane du pouvoir royal seul.

Quelques-unes de ces ordonnances ont été préparées sous l'inspiration de Colbert par les grands avocats de Paris et les principaux membres du Conseil du roi. La première en date, celle *de 1667 sur la Procédure civile* a eu pour principal rédacteur Pussort, oncle de Colbert. Avant de la publier, le roi soumit le projet à une commission composée de membres du Parlement et de conseillers d'État. Cette ordonnance a eu pour commentateurs Jousse et Pothier ; notre code de Procédure lui a emprunté la plupart de ses dispositions.

L'ordonnance de 1670 sur la Procédure criminelle a été rédigée de la même manière. M. Esmein en résume les dispositions en disant qu'elle eut surtout pour but d'assurer la sincérité et l'exactitude des pièces écrites sur lesquelles se rendait le jugement ; mais, en même temps, elle excluait les défenseurs de l'accusé, imposait le serment à ce dernier, écartait des débats les témoins qui avaient déjà déposé contre lui, pour empêcher des rétractations ; enfin elle maintenait la torture. La partie de notre Code d'Instruction criminelle consacrée à

l'instruction préparatoire est empruntée à cette ordonnance.

Les projets des ordonnances qui ont suivi n'ont pas
été soumis à la commission.

L'ordonnance du commerce, de 1673, a été rédigée
par Savary, jurisconsulte distingué, auteur d'un ouvrage intitulé : *Le Parfait négociant*. Cette ordonnance
fut communément appelée *Code Savary* ou *Code mar-
chand*. Un certain nombre de ses dispositions ont passé
dans notre Code de commerce.

L'ordonnance sur le commerce de mer ou *Code de la
marine* est de 1681. Le nom de son rédacteur nous est
inconnu. « Cette ordonnance est telle, s'écrie Valin
(de la Rochelle), son commentateur, que les nations
les plus jalouses de notre gloire l'ont adoptée à l'envi,
comme un monument éternel de sagesse et d'intelligence ». Sur la plupart des points, les rédacteurs du
Code de commerce, au livre deuxième : Du commerce
maritime, se sont bornés à copier en la résumant
l'ordonnance de 1681.

En 1685 parut une *ordonnance touchant la police des
îles de l'Amérique* que l'on appela *Code noir*. Cet acte
se ressent de la période d'intolérance où l'on était
alors. Il prescrit l'expulsion des juifs dans les trois
mois, interdit l'exercice public de toute religion autre
que la religion catholique, déclare les sujets de religion
dissidente incapables de contracter un mariage valable. La situation matérielle des esclaves est l'objet
de dispositions bienveillantes (1). Quant aux règles

(1) Cependant l'ordonnance prescrit des mesures très éner-

concernant leur état, leur capacité, les contrats qu'ils peuvent accomplir, le Code noir reproduit en grande partie la législation en vigueur sur ce point, à l'époque de Justinien (1).

Au XVIIIᵉ siècle nous trouvons sous Louis XV trois grandes ordonnances dues à l'initiative de Daguesseau. La première est *de 1731, sur les donations*. Elle supprime les donations pour cause de mort, règle les questions de forme des donations entre vifs, la nécessité de l'acceptation écrite, formule le principe : « donner et retenir ne vaut ». Elle a passé en partie dans notre code civil.

La seconde ordonnance est de 1735, elle concerne *les testaments*. Elle établit deux lois, l'une pour les pays de coutume, l'autre pour les pays de droit écrit. Cette

giques pour empêcher les insurrections d'esclaves L'article 15 défend aux noirs de porter aucune arme offensive ni gros bâtons, à peine de fouet et de confiscation des armes. L'article 16 est ainsi conçu : « Défendons pareillement aux esclaves appartenant à différents maîtres, de s'attrouper le jour ou la nuit, sous prétexte de noces ou autrement, soit chez un de leurs maîtres ou ailleurs et encore moins sur les grands chemins où lieux écartés, à peine de punition corporelle qui ne pourra être moindre que du fouet et de la fleur de lys, et en cas de fréquentes récidives et autres circonstances aggravantes, pourront être punis de mort, ce que nous laissons à l'arbitrage des juges. Enjoignons à tous nos sujets de courir sus aux contrevenants, de les arrêter et de les conduire en prison, bien qu'ils ne soient point officiers ».

(1) Citons encore, parmi les ordonnances de Louis XIV, l'ordonnance de 1669 *sur les eaux et forêts* et celle de 1673 qui établit la publicité des hypothèques et fut révoquée en 1674 parce que son tort était de mettre en lumière le mauvais état de la fortune des nobles.

ordonnance qui a également laissé des traces dans notre code, n'innove pas : elle se contente d'établir l'uniformité en matière de testaments, dans chacun des deux pays.

La dernière, de 1747, sur les *substitutions fidéicommissaires* maintient l'interdiction de faire des substitutions au delà du deuxième degré et organise une publicité qui été reproduite dans le code civil pour les cas très limités où les substitutions sont encore permises (1).

Au règne de Louis XVI appartiennent l'*Édit de 1776 sur la liberté de commerce et d'industrie*, préparé par Turgot ; *l'Édit de 1779 qui abolit la main-morte et la servitude personnelle* dans le domaine du roi ; l'*Édit de tolérance de 1787*, révoquant l'Edit de Nantes (etc.).

---

(1) On appelle *substitution fidéicommissaire* une disposition par laquelle un donateur ou testateur charge la personne qu'il gratifie en premier ordre, de conserver pendant toute sa vie les biens donnés ou légués et de les rendre, lorsqu'elle mourra, à une autre personne gratifiée en deuxième ordre. Cette seconde personne pouvait être, elle-même, grevée de la même obligation au profit d'une troisième et ainsi de suite. — Dans l'ancien droit, les *substitutions* avaient pour but de concentrer les biens sur la tête de l'aîné des enfants mâles, pour conserver la *splendeur du nom* ; mais elles présentaient de graves inconvénients économiques.

14.

TABLE DES MATIÈRES

PREMIÈRE PARTIE.

Le droit public français à partir de la féodalité.

DEUXIÈME PARTIE.

Des sources du droit privé.

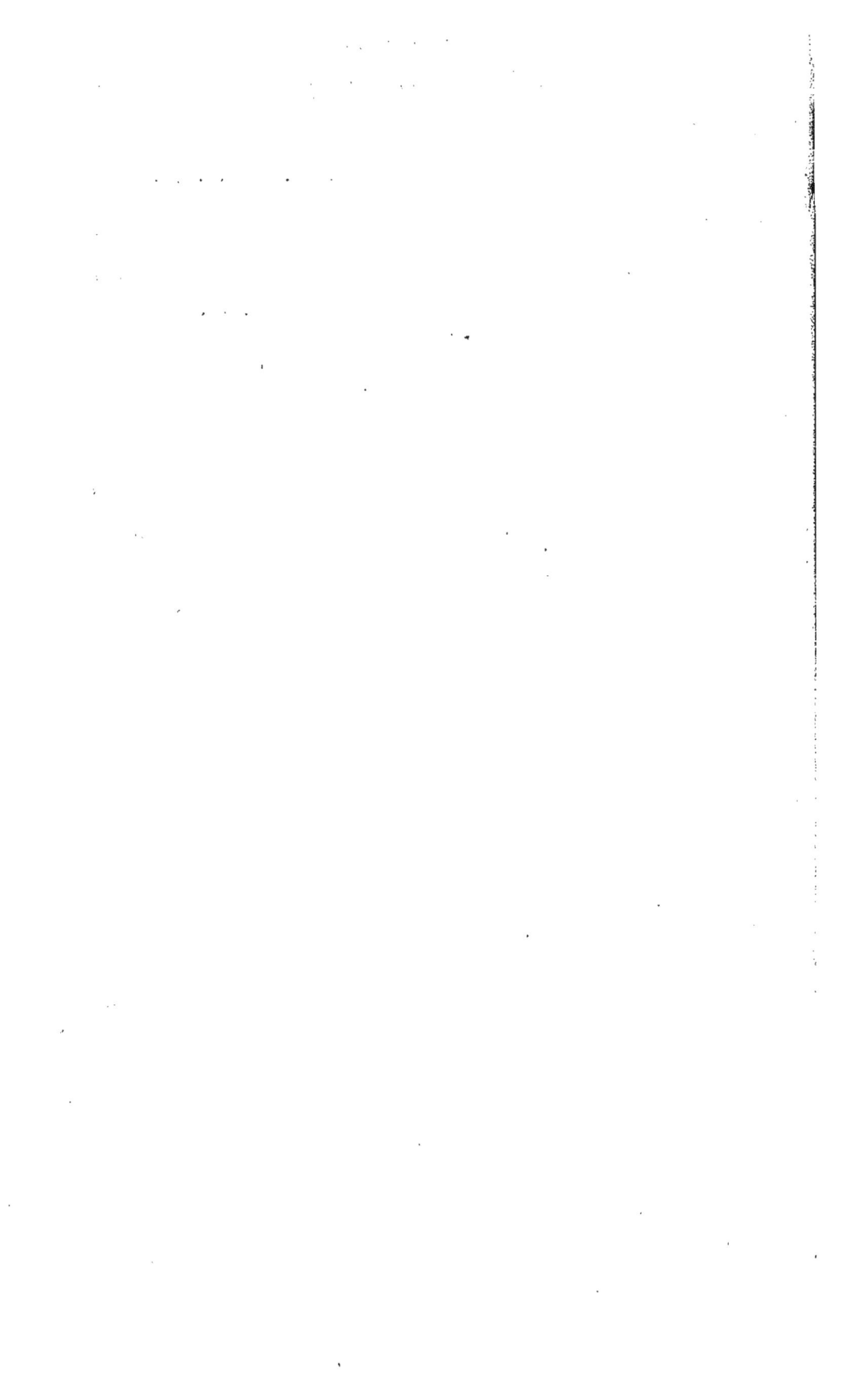

TABLE ALPHABÉTIQUE DES MATIÈRES

—

A

E

F

G

H

I

J

L

M

Q

R

ARNAULT, *professeur à la Faculté de Droit de Toulouse*, Résumé d'un cours d'Économie politique, 1 vol. in-18 . . . . 3 fr.

ASSER, *professeur à l'Université d'Amsterdam*, et **RIVIER**, *professeur à l'Université de Bruxelles*, Éléments de Droit international privé ou du conflit des lois. — Droit civil. — Procédure. — Droit commercial. 1 vol. in-8 . . . . 8 fr.

BONFILS (Henry), *doyen honoraire et professeur à la Faculté de Droit de Toulouse*, Traité élémentaire d'organisation judiciaire, de compétence et de procédure en matière civile et commerciale. 1 vol. grand in-8. . . . . 15 fr.

GINOULHIAC, *professeur honoraire à la Faculté de Droit de Toulouse*, Cours élémentaire d'histoire générale du Droit français; public et privé, 2ᵉ éd. 1 vol. in-8. . . . . 10 fr.

GIRARD (P.-F.), *professeur agrégé à la Faculté de Droit de Paris*, Textes de Droit romain annotés, 1890. 1 fort vol. in-18. . . . . 8 fr.

JOURDAN (Alfred), *doyen à la Faculté de Droit d'Aix*, Cours analytique d'Économie politique, 2ᵉ éd., 1 vol. in-8. . . . . 10 fr.

LABORDE, *professeur à la Faculté de Droit de Montpellier*, Cours élémentaire de Droit criminel. 1 vol. in-8 . . . . 10 fr.

MONNOT et BONDE, Précis sur la nationalité. Législation française et Droit international. Avec commentaire de la loi du 26 juin 1889, brochure in-8º. . . . . 2 fr. 50

NEUMANN (Baron de), *professeur à l'Université de Vienne*, Éléments du Droit des gens public européen. Ouvrage traduit par M. DE RIEDMATTEN, *docteur en Droit*, 1 vol. in-8 . . . . 7 fr.

SURVILLE et ARTHUYS, *professeurs à la Faculté de Droit de Poitiers*, Cours élémentaire de Droit international privé, conforme au programme des Facultés de Droit. 1 vol. in-8. . . . . 10 fr.

TISSOT, Le Droit pénal, étudié dans ses principes, ses usages et les lois des principaux peuples du monde. 2 forts vol. in-8, 2ᵉ éd. . . . 20 fr.

VIDAL, *professeur à la Faculté de Droit de Toulouse*, Introduction philosophique à l'étude du Droit pénal. Principes fondamentaux de la pénalité dans les systèmes les plus modernes (ouvrage couronné par l'Institut, Académie des sciences morales et politiques). 1 vol. in-8. 10 fr.

VIGIÉ, *doyen de la Faculté de Droit de Montpellier*. Cours élémentaire de Droit civil français, conforme au programme des Facultés de Droit, 1890. 3 vol. in-8, 30 fr. (tomes I et II parus) chaque vol. . . . 10 fr.

Imp. G. Saint-Aubin et Thevenot, Saint-Dizier (Haute-Marne).